NOTRE-DAME
DE
LA SALETTE

PROPRIÉTÉ DU LIBRAIRE-ÉDITEUR.

MÊME LIBRAIRIE.

OUVRAGES DE M. L'ABBÉ BARTHE
Chanoine honoraire de Rodez.

Pourquoi je crois à l'Apparition de la Salette, 1 vol. in-12. Troisième édition. 1 fr.

Souvenirs et impressions d'un pèlerinage à la Salette, in-18................. 60 c.

Le Mystère de la Salette, in-18....... 1 fr.

Les Enseignements de la Reine du ciel, ou un mois consacré à l'étude et à la méditation de sa miséricordieuse apparition sur la montagne de la Salette; par M. l'abbé HILLAIRE. Ouvrage dédié à Mgr Angebault, évêque d'Angers. 1 vol. in-12.............................. 2 fr.

Tous ces ouvrages sont approuvés par M. ROUSSELOT, *vicaire général de Grenoble.*

CORBEIL. — Typ. et stér. de CRÉTÉ.

APPARITION
DE NOTRE-DAME DE LA SALETTE
à deux bergers
Le 19 Septembre 1846.

Faites le passer à tout mon peuple.

NOTRE-DAME
DE
LA SALETTE

HISTOIRE DE L'APPARITION — PÉLERINAGE
PRIÈRES DE RÉPARATION

Extrait des rapports authentiques et des écrits de plusieurs Évêques,

PAR

M. ED. LALANDE

Auteur du *Mois de Marie en histoires*.

PARIS
VICTOR SARLIT, LIBRAIRE-ÉDITEUR
RUE SAINT-SULPICE, 25
1862

DÉCLARATION DE L'AUTEUR

Conformément au décret du pape Urbain VIII, je déclare que je n'attache aux divers faits mentionnés dans cet ouvrage, qu'une autorité purement humaine, excepté en ce qui a pu être confirmé par la sainte Église catholique, apostolique et romaine, et par le Saint-Siége, au jugement duquel je soumets, sans aucune réserve, ma personne et mes écrits.

NOTRE-DAME
DE
LA SALETTE

Description des lieux de l'Apparition.

La Salette est une commune de huit cents habitants, au canton de Corps, diocèse de Grenoble. Elle est située à soixante-onze kilomètres de cette dernière ville, au centre d'un cercle de montagnes qui lui servent de remparts et la dominent en amphithéâtre.

A huit kilomètres environ de l'église paroissiale de la Salette, se trouve un plateau nommé, *Sous-les-Baisses*, où le voyageur ne peut arriver qu'à pied ou à dos de mulet. Il est formé par la réunion de trois montagnes, a peu d'étendue et présente un petit ravin au fond duquel coule un ruisseau nommé le Sézia. C'est au bas de ce ravin, sur la rive droite du ruisseau, que coule la merveilleuse fontaine dite *de la Belle-Dame*. Les deux côtés du ravin étaient, il y a peu d'années, recouverts d'une belle verdure. Aujourd'hui, ils en sont totalement dépouillés et ne présentent plus à l'œil qu'un sol absolument nu. C'est que cet endroit est non-seulement foulé sous les pieds d'innombrables pèlerins, mais il est continuellement gratté, raclé par des mains avides d'emporter, comme souvenirs de ce lieu révéré, quelques brins d'herbe, un peu de terre ou de pierre. Cet endroit n'était connu autrefois que par les gardiens de troupeaux d'un humble village; aujourd'hui, il est le rendez-vous journalier de milliers de visiteurs, le centre d'une correspondance européenne et l'objet de la vénération générale. Voici dans toute sa simplicité, le récit du fait qui l'a illustré.

Histoire de l'Apparition.

Tous les jours au sortir de la dernière messe, quand l'angelus tinte à la Salette, une foule de pèlerins, venus de tous les points de la France et du monde, s'empressent auprès de la fontaine, pour entendre la voix de l'un des Pères missionnaires racontant l'histoire de l'apparition.

C'était vers le milieu du jour; le ciel était sans nuages et le soleil dévorant; sur toutes les croupes des montagnes voisines paissaient ou se reposaient une multitude de brebis, de vaches et de chèvres, que les pâtres de la vallée y avaient conduites et qu'ils y gardaient dès le matin : vous vous en faites ainsi une plus exacte idée; ce jour-là, ils n'étaient pas moins d'une quarantaine.

Or, parmi eux et des plus rapprochés se trouvaient deux jeunes bergers, deux enfants, dont les maîtres leur avaient confié quelques vaches, presque à regret, du moins celui du plus petit des deux, peu rassuré par son extrême jeunesse et son inexpérience : aussi, veillait-il à chaque instant sur l'humble troupeau et sur son gardien, de crainte qu'il leur arrivât quelque accident sur ces pentes abruptes. Pour lui, pendant ce temps, il travaillait dans son petit champ, qui est tout proche.

Ces maîtres habitaient avec leur famille, ils habitent encore (1), le hameau *des Ablandins*, l'avant-dernier de ceux que l'on traverse avant d'arriver à la Salette : ils s'appelaient *Baptiste Pra* et *Pierre Selme* ; leurs chaumières dans la vallée étaient presque aussi voisines que le sont sur la Montagne leurs prés et leurs champs ; les enfants se nommaient *Françoise-Mélanie Matthieu*, son père est un des guides qui accompagnent les pèlerins, et *Maximin Giraud*. Mélanie avait environ quinze ans, Maximin à peine onze. Ils

(1) Pierre Selme est déjà devant Dieu.

ne se connaissaient pourtant que depuis deux ou trois jours... Maximin qui n'avait de sa vie gardé de troupeaux, ne faisant que remplacer, depuis le commencement de la semaine, le berger malade de Pierre Selme.

Ce 19 septembre était un samedi, jour de pénitence et de prières, veille de la fête de Notre-Dame des Douleurs.

Il est vrai que tous les deux étaient de Corps, mais déjà, dès l'âge de dix ans, Mélanie était en service à la Montagne ; leurs parents habitaient d'ailleurs les extrémités opposées du bourg ou de la paroisse ; et puis, qui ne sait qu'à cet âge, connaissance, pareille à la leur, est bientôt faite surtout dans des champs aussi rapprochés ?

Ces deux enfants ignorants, grossiers au delà de toute expression, d'un caractère désagréable, mais d'une candeur, d'une pureté de mœurs, d'une innocence proverbiale dans tout le pays, s'amusaient depuis quelque temps, à ce qu'ils ont raconté, s'exerçaient à jeter des cailloux, à enfoncer le couteau de Maximin dans le gazon, etc., et ils auraient probablement oublié, négligé de conduire leurs vaches pour boire au ruisseau le plus voisin, celui-ci, à la Sézia ou bien à la Fontaine qui domine la colline dont elle baigne le versant, si Pierre Selme qui ne cessait pas de les surveiller du fond de sa petite prairie, ne leur en eût renouvelé la prudente recommandation.

Ils le firent sans plus tarder, l'heure de les abreuver étant presque déjà passée, tandis que lui-même, cherchant à se désaltérer dans des eaux moins glacées, descendait jusqu'au bas des pâturages, après avoir remarqué providentiellement combien *la petite-fontaine*, était alors desséchée, tarie, plus encore que toutes les autres.

Après que les vaches eurent bu suffisamment, elles se dispersèrent non loin d'eux, sur le coteau ; pour Maximin et Mélanie, ils s'assirent sur des pierres plates, d'épaisses ardoises, que d'autres bergers avaient placées

les unes sur les autres des deux côtés de la
fontaine, tirèrent de leur petit sac de grosse
toile un morceau de pain noir et le mangèrent
avec appétit ; puis, à quelques pas seulement
l'un de l'autre, contre leur coutume, ils s'endormirent tous les deux, leur bâton et leurs
chiens à côté d'eux.

Au bout d'un certain temps, une heure,
une heure et demie environ, Mélanie se réveillant la première, chercha tout d'abord ses
vaches, et ne les apercevant pas (elles avaient
franchi la Sézia et broutaient à l'envi le gazon
de la prairie), elle appela Maximin, et tous les
deux, leur bâton à la main, suivis de leurs
fidèles compagnons, s'apprêtaient et commençaient à les aller chercher, quand il sles
virent à si petite distance qu'ils firent à peine
quelques pas pour s'en rapprocher, Mélanie
marchant la première.

Mais, ô surprise ! ô merveille mille fois inattendue ! tout à coup à la place même où ils
étaient assis, où ils avaient partagé leur pain,

il n'y avait pas encore deux heures, à côté de la fontaine et tout à l'entour, elle aperçoit une clarté extraordinaire, comme une nuée ardente, plus éclatante, plus resplendissante que le soleil... D'étonnement et de frayeur elle laissait tomber son bâton, quand Maximin, déjà précipitamment accouru à sa voix, et qui, plus enfant ou plus courageux, semblait moins intimidé, lui crie de le ramasser afin de s'en servir si *Elle* voulait leur faire du mal... Car, presque aussitôt, comme instantanément, cette clarté se divisait, et, au milieu de ses mystérieux rayons, *une belle Dame,* pour employer les seules expressions qui soient jamais sorties de leur bouche en racontant cette scène saisissante, *une belle Dame* leur était apparue, assise sur les ardoises, les pieds dans la fontaine tarie, la tête appuyée, à demi cachée entre ses mains et fondant en pleurs... Qui de vous, au surplus, ne connaît la description qu'ils ont, constamment, invariablement, faite de sa magnifique parure ?

Cependant, comme ils demeuraient immobiles à leur place, partagés entre une crainte assurément bien facile à comprendre, leurs chiens eux-mêmes se taisaient épouvantés, et je ne sais quelle douce confiance, inspirée sans doute par cette Céleste Figure et ces larmes, *la belle Dame* se leva, fit deux ou trois pas en avant... « *Ne craignez pas,* leur dit-elle d'une voix dont aucun accent humain ne saurait, ont-ils assuré cent fois, faire comprendre le charme, *ne craignez pas, mes enfants, je viens vous annoncer une grande nouvelle.* »

Et après qu'ils se furent, en effet, rapprochés d'Elle, au point de la pouvoir toucher s'ils l'eussent voulu, s'ils l'eussent osé, et à être presque enveloppés eux-mêmes de cette incomparable lumière, les mains croisées dans les longs plis de sa robe, les yeux de plus en plus baignés de pleurs, Elle leur tint enfin et textuellement ce discours.

« Si mon peuple ne veut pas se soumettre, je

« suis forcé de laisser aller la Main de mon Fils.

« Elle est si forte, si pesante, que je ne peux
« plus *la maintenir.*

« Depuis le temps que je souffre pour vous
« autres ! Si je veux que mon Fils ne vous
« abandonne pas, je suis chargée de le prier
« sans cesse.

« Et pour vous autres, vous n'en faites pas
« cas.

« Vous aurez beau prier, beau faire, jamais
« vous ne pourrez récompenser la peine que
« j'ai prise pour vous autres.

« *Je vous ai donné six jours pour travailler,*
« *je me suis réservé le septième et on ne veut pas*
« *me l'accorder.* C'est ça qui appesantit tant la
« Main de mon Fils.

« Ceux qui conduisent les charrettes ne
« savent pas jurer sans y mettre le nom de
« mon Fils au milieu.

« Ce sont les deux choses qui appesantissent
« tant la Main de mon Fils.

« Si la récolte se gâte, ce n'est rien qu'à

« cause de vous autres. Je vous l'ai fait voir
« l'année passée, par les pommes de terre ;
« vous n'en avez pas fait cas. C'est au con-
« traire, quand vous trouviez des pommes de
« terre gâtées, vous juriez, vous mettiez le
« nom de mon Fils. Elles vont continuer ;
« cette année pour Noël, il n'y en aura plus.

« Ah ! mes enfants, vous ne me comprenez
« pas, je m'en vais le dire autrement.

« Si les pommes de terre se gâtent, ce
« n'est rien que pour vous autres. Je vous l'ai
« fait voir l'an passé ; vous n'en avez pas
« voulu faire cas. Que c'était au contraire,
« quand vous trouviez des pommes de terre
« gâtées, vous juriez en y mettant le nom de
« mon Fils au milieu.

« Elles vont continuer ; cette année pour
« la Noël, il n'y en aura plus.

« Si vous avez du blé, il ne faut pas le se-
« mer ; tout ce que vous sèmerez, les bêtes le
« mangeront ; ce qui viendra tombera tout
« en poussière, quand vous le battrez.

2

« Il viendra une grande famine.

« Avant que la famine vienne, les enfants
« au-dessous de sept ans prendront un trem-
« blement et mourront entre les mains des
« personnes qui les tiendront ; les autres fe-
« ront pénitence par la famine.

« Les noix deviendront mauvaises, les rai-
« sins pourriront.

« S'ils se convertissent, les pierres et les
« rochers se changeront en monceaux de blé ;
« et les pommes de terre seront ensemencées
« par les terres.

«Faites-vous bien votre prière, mes enfants?»

Et tous deux répondent : « Pas guère, Madame. »

« Il faut bien la faire, mes enfants, soir et matin. Quand vous ne pourrez pas mieux faire, dites seulement un *Pater* et un *Ave Maria*. Et quand vous aurez le temps, il faut en dire davantage.

« Il ne va que quelques femmes âgées à la Messe ; les autres travaillent le Dimanche tout l'été, et l'hiver quand ils ne savent que faire, les garçons ne vont à la Messe que pour se moquer de la Religion. Le Carême, on va à la boucherie comme des chiens.

« N'avez-vous pas vu du blé gâté, mon enfant ? »

Maximin répondit : « Oh ! non, Madame. » Moi, je ne savais pas à qui Elle demandait cela, et je répondis bien doucement : « Nou Madame, je n'en ai pas encore vu. »

« Vous devez bien en avoir vu, vous, mon enfant (en s'adressant à *Maximin*), une fois vers la terre du Coin, avec votre père.

« Le maître de la pièce dit à votre père d'aller voir son blé gâté ; vous y êtes allés tour les deux. Vous prîtes deux ou trois épis dans vos mains, les froissâtes, et tout tomba en poussière ; puis vous vous en retournâtes. Quand vous étiez encore à demi-heure de Corps, votre père vous a donné un morceau de pain et vous a dit : Tiens, mon enfant, mange encore du pain cette année ; je ne sais pas qui en mangera l'année prochaine, si le blé continue encore comme ça. »

Maximin répondit : « Oh ! oui, Madame, je m'en souviens à présent ; tout à l'heure, je ne m'en souvenais pas. »

« Eh bien, mes enfants, vous le ferez passer à tout mon peuple. »

Elle dit, et tandis que leurs avides regards, leurs oreilles non moins attentives, malgré l'enfantine légèreté de l'un d'eux, semblent l'interroger ou l'entendre, que ses pieds touchent, foulent ces moelleux gazons, Elle, *la belle Dame*, à la blanche et douce figure, à la voix enchanteresse, franchit l'humble ruisseau ; et, se retournant vers les enfants saisis : « *Oh ! vous ferez passer ceci à mon peuple !* » leur dit-elle une dernière fois. Puis, sans attendre de réponse, Elle monte, Elle glisse plutôt sur la pente gracieuse, traçant presque la première lettre de son Nom béni, jusqu'à ce qu'Elle soit parvenue à un point culminant, ndiqué maintenant par une grand croix cou-

ronnée naguère de fleurs et de béquilles...
Mais ils la suivent avec ardeur, et Mélanie l'a
même un instant devancée.

Là enfin, et alors qu'ils se figurent qu'Elle
leur parlera peut-être de nouveau, que peut-
être ils entendront encore *la musique de sa
voix* (1), Elle commence à s'élever doucement,
devant eux, au-dessus de leurs têtes... Un
instant, Elle demeure tournée vers ces neiges
lointaines, dont l'éclatante blancheur s'efface
devant celle de son visage ; ses larmes coulent, tombent plus abondantes et plus amères ;
ses regards paraissent contempler par delà cet
horizon je ne sais quelle contrée inconnue
aux jeunes Bergers (2).

Ces pleurs ne descendaient pas cependant
jusque sur l'herbe altérée, on eût plutôt dit
qu'ils ressemblaient à d'ardentes étincelles, à

(1) Expression familière à ces enfants quand ils en parlent.
(2) C'était Rome.

ces étoiles dont l'or file et s'évanouit dans une belle et calme nuit.

Puis encore, ses yeux s'abaissent comme auparavant sur la terre, et déjà sa tête resplendissante disparait... Ses épaules, ses mains, le reste de son corps ne se distinguent plus; à peine si ses pieds et leur parure fleurie apparaissent encore à travers ces feux divins... Bientôt il ne restera même plus un doux vestige de cette clarté, du passage de *cette belle Dame*... Ainsi s'efface peu à peu sur les cimes gigantesques la pourpre dans laquelle s'est endormi le soleil.

Ah! je me trompe, il sera impérissable, ce passage bien autrement fécond que celui de l'astre à la couronne de flammes, il sera impérissable sur ces lieux consacrés, tant que ces monts désormais si fameux demeureront assis sur leurs fondements de marbre ou de granit, tant qu'y reviendra ce flambeau de Dieu, il sera impérissable dans le monde tout entier !

Ce fut dans ce suprême moment que l'un des enfants, Maximin, essaya vainement, en étendant ses mains frustrées, de saisir une de ces roses mystérieuses, un de ces derniers rayons, un peu de la lumière, comme ils disaient ensuite. Enfant, tes mains furent trompées, mais le rayon, mais ce peu, plus que ce peu de lumière descendit, demeura dans ton intelligence et dans ton cœur, et il y est encore... Et il y sera toujours, crierais-tu de ta voix la plus énergique, si tu m'entendais aujourd'hui, ainsi que si souvent tu l'as fait avec bonheur.

Cependant ils ne tardèrent pas à rejoindre leurs troupeaux... D'abord, ils s'entretinrent de la merveilleuse vision... « *Ce doit être quelque grande Sainte...., c'est peut-être la Vierge bénie de mon Père,* disait Mélanie plus profondément pénétrée. *Si nous avions su,* reprenaient-ils tous deux, *nous lui aurions bien demandé de nous emmener avec Elle...* » Mais bientôt, leur naturel reprenant le dessus, ils recommencèrent leurs jeux d'enfant, jusqu'à ce que le soleil tombant de plus en plus des hauteurs azurées, les avertit que l'heure de leur retour à la vallée était déjà venue.

Or, à peine Maximin, qui n'avait pas ses vaches à traire, fut-il descendu sous le chaume de Pierre Selme, qu'il n'eût rien de plus pressé que de raconter à celui-ci ce qui leur était arrivé. Quant à Mélanie, trop occupée de son humble travail, et plus profondément impressionnée encore, elle gardait le silence... Bien plus, quand ses mains eurent cessé de presser les mamelles de ses vaches, au lieu d'aller retrouver ses maîtres, elle se cacha, se blottit dans l'angle le plus obscur de l'étable, donnant un libre cours à son émotion et aux larmes par lesquelles s'épanchait ce qu'elle éprouvait d'indéfinissable, d'intraduisible en aucun autre langage.

Ce fut là que Baptiste Pra, qui l'avait inutilement appelée à diverses reprises, et cherchée partout depuis un certain temps, l'a-

perçut enfin dans cette posture. Mais il eut
beau lui demander ce qu'elle y faisait, pourquoi elle pleurait ainsi, et lui ordonner de le
suivre, comme à son ordinaire, au foyer de
la cabane où l'attendait sa soupe du soir...
elle ne voulait pas, elle ne lui répondait pas,
elle n'avait pas faim, lui disait-elle seulement par intervalle... Pourtant, elle dut à la
longue y consentir et lui obéir ; elle finit
même par lui raconter en substance l'étrange
vision qu'ils avaient eue, les solennelles paroles
qu'ils avaient entendues, et dès lors, dès ce
premier instant, son récit fut textuellement
celui de Maximin... Au surplus, ni l'un ni
l'autre ne devaient jamais et à aucun prix s'en
départir en rien.

Baptiste Pra en fut si fortement impres-
sionné, qu'il n'en put pas dormir de la plus
grande partie de la nuit ; il voulut même,
avant que le jour ne dorât de nouveau l'humble toit de sa chaumière, il voulut essayer
d'écrire, le moins imparfaitement qu'il le

pût, ce que l'enfant lui avait confié dans son naïf langage. Le lendemain, et sur ce que Mélanie et Maximin lui en dirent une seconde fois à sa demande, et dans les mêmes termes, il rectifia suffisamment ce curieux entretien, auquel il donna, dans sa propre simplicité, le nom de *Lettre de la Sainte Vierge*.

Ce lendemain, qui était, comme vous le savez déjà, un dimanche, les maîtres des petits bergers les envoyèrent de bonne heure au presbytère de la Salette, afin qu'ils pussent renouveler leur récit au vénérable Curé de la Paroisse ; celui-ci, sans hésiter, y ajouta foi, ainsi qu'une femme âgée qui se trouva présente et ne put retenir ses larmes.

Une heure après, sous l'irrésistible empire de sa première émotion, le pieux vieillard ne sut pas résister non plus au désir d'en faire part à ceux de ses paroissiens qui, en trop petit nombre, hélas ! comme toujours en ce temps-là, étaient venus et assistaient à la Messe.

Avant le soir du même jour, l'émouvant

récit, diversement interprété, cru par les uns, tourné en fable, en dérision par les autres, était descendu de la vallée jusqu'à Corps et au delà.

Dès qu'il connut cette rumeur, le maire de la Salette crut devoir faire subir, ce jour même, un interrogatoire en forme à Mélanie, Maximin étant déjà retourné auprès de son père, mais il ne put guère en tirer que ce qu'elle avait dit depuis le matin à qui avait voulu l'entendre, commençant ainsi à *faire passer*, ce que son maître avait appris la veille au soir de sa bouche inaccoutumée au mensonge.

Et, comme, dans des intentions excellentes d'ailleurs, ce magistrat, pour engager l'enfant à se taire, imagina de lui offrir, si elle y consentait, huit pièces de cinq francs à la fois, Mélanie les *lui jeta*, suivant son expression, en s'écriant, ainsi que tant de fois depuis : « *Ça, c'est pas pour de l'argent... Si vous ne me croyez point, ça ne fait rien ; je ne suis pas chargée de vous le faire croire, mais de vous le faire savoir.* »

Secret confié aux deux bergers.

Outre le discours rapporté plus haut, la belle Dame a parlé en particulier à chacun des deux enfants et leur a confié un secret sur lequel il est impossible d'obtenir d'eux la plus légère révélation. Aucun des deux petits bergers ne connaît le secret confié à l'autre.

Elle a bien tardé à te parler, disait Maximin à Mélanie : *Je ne voyais que remuer ses lèvres, que te disait-elle ?*

Mélanie répondit : *Elle ma défendu de le dire.* Maximin, répartit aussitôt : *Oh! que je suis content. Elle ma dit aussi quelque chose que je ne puis te confier.*

Toutes les fois que ces enfants ont été ou sont interrogés sur ce secret, ils montrent une fermeté incroyable et ils répondent avec la plus étonnante sagacité et présence d'esprit aux questions les plus capables de les surprendre et de les embarrasser.

Cependant, cinq ans après l'apparition,

Mgr l'évêque de Grenoble fit comprendre aux deux enfants que toute révélation devant être soumise à l'Église, il y avait pour eux grave obligation de communiquer leur secret au Souverain Pontife. Ils résistèrent longtemps et ne se rendirent qu'à de longues démonstrations et à un ordre formel, ils exigèrent que leur secret, écrit par eux-mêmes, serait scellé et que le Pape seul en aurait connaissance.

On nomma donc une commission de prêtres et de laïques pour être présente dans la chambre où chacun des deux écrivit à part sa confidence. Tout ce qu'on a pu comprendre, c'est que, celui de Maximin est le plus long ; il est divisé en sept alinéas. On croit que Maximin annonce la réhabilitation de toutes choses et que Mélanie prédit de grands châtiments.

Mélanie en écrivant paraissait très-émue, mais nullement embarrassée ; elle demanda 'orthographe du mot *infailliblement* et du mot *antechrist*. Maximin demanda l'orthographe du mot *pontife*.

Les deux papiers furent cachetés en présence des enfants, scellés du sceau de Mgr de Grenoble, et deux vénérables ecclésiastiques furent chargés d'apporter au Saint Père ce mystérieux message.

A leur arrivée, Pie IX, assis devant son bureau, se leva et leur donna, par une faveur insigne, sa main à baiser. Il s'avança, pour mieux lire, vers l'embrasure d'une fenêtre. Il loua la candeur avec laquelle ces billets étaient écrits. Après la lecture de celui de Mélanie, Sa Sainteté dit : *Il faut que je lise ces lettres à tête reposée* ; une certaine émotion se manifesta sur son visage, ses lèvres se contractèrent et ses joues se gonflèrent. Il dit : *Ce sont des fléaux pour la France, elle n'est pas seule coupable : l'Allemagne, l'Italie, toute l'Europe mérite des châtiments. J'ai moins à craindre de l'impiété ouverte que de l'indifférence et du respect humain ; ce n'est pas sans raison que l'Église est déclarée militante et vous en voyez ici le capitaine* (en portant sa main droite sur sa poitrine).

Opinion de Rome sur la Salette.

Le fait de la Salette a sérieusement occupé à Rome l'attention des hommes les plus éminents; il a été examiné, non encore d'une manière juridique, mais avec la sagesse qu'on y apporte dans l'étude de tout ce qui intéresse la religion. Un grand nombre de prélats et de savants religieux ont manifesté hautement leur croyance à cet événement merveilleux.

Mgr Fratini, promoteur de la Foi, dit à M. l'abbé Rousselot, vicaire général de Grenoble : *Vos deux livres sur la Salette sont revêtus des caractères de la vérité.* Mgr de Grenoble peut donc faire bâtir une chapelle sur la montagne de l'apparition et publier un mandement.

Le cardinal de Lambruschini lui dit : J'ai prêché avec fruit le fait de la Salette dans mon diocèse.

Le P. Rubillon disait : J'ai lu les livres de la Salette. Je reste profondément convaincu de la vérité du fait; je ne vois pas comment les enfants pourraient être trompeurs ou trompés.

En septembre 1852, le Pape disait à des dames du diocèse de Grenoble : Je vous félicite, Mesdames, d'appartenir à un diocèse favorisé par l'apparition de la Salette.

Par un bref du 24 août 1852, le Souverain Pontife accorde aux Membres de la Confrérie de Notre-Dame réconciliatrice de la Salette :

1° Une indulgence plénière le jour de leur entrée ; 2° une indulgence plénière à l'article de la mort; 3° une indulgence plénière une fois l'an, le jour de la principale fête de la Confrérie; 4° une indulgence de sept ans et sept quarantaines quatre fois par an; 5° une indulgence de soixante jours pour chaque bonne œuvre accomplie par eux.

Par son bref du 3 septembre 1852, le pape

Pie IX accorde une indulgence plénière, une fois par an, à tous ceux qui visitent l'église de la Salette.

Dans un indult plus récent, le Saint-Siége autorise, pour le diocèse de Grenoble, une fête en l'honneur de l'apparition et s'exprime ainsi :

Afin de célébrer par un office solennel la mémoire *de l'Apparition de la Mère de Dieu sous une forme humaine à la Salette.*

Nous ne prétendons pas dire que ces démonstrations fassent du fait de la Salette un article de foi, mais tous les esprits sages et tous les cœurs chrétiens comprendront qu'elles sont d'une immense portée.

Biographie des petits Bergers jusqu'à l'époque de l'Apparition.

MAXIMIN.

Pierre Maximin Giraud (vulgairement appelé Mémin), est né à Corps, le 27 août 1835, de pauvres travailleurs. Son père était charron.

Avant l'événement, Maximin n'allait pas à l'école, il ne savait ni lire, ni écrire; il était absolument inculte, dépourvu de toute instruction religieuse; à cause de sa légèreté, il n'avait pu être admis à la première communion. Ce n'est que le 7 mai 1848 qu'il l'a faite, avec Mélanie.

Son père déclare qu'il n'avait pu lui apprendre *Notre Père* et *Je Vous Salue* qu'avec peine en trois ou quatre ans.

On ne lui connaissait point de grands vices, sinon quelque penchant à la gourmandise. Il n'a point d'amour-propre et avoue ingénument que dans ses premières années il allait ramasser du fumier sur la grande route. Il avoue même ses défauts; car un jour un prêtre lui disait : Maximin, on m'a dit que tu étais autrefois un peu menteur? et il répondit en souriant avec un air de simplicité : *On vous a dit vrai, je mentais et je jurais en jetant des pierres après mes vaches lorsqu'elles s'écartaient.*

A l'époque de l'apparition, Maximin était

placé comme petit valet chez un habitant du pays, nommé Pierre Selme.

Le 16 novembre 1846, la supérieure des sœurs de Corps disait : Depuis un an, Maximin, quoique exercé presque tous les jours, n'a pu encore apprendre à bien servir la Messe.

MÉLANIE.

Françoise Mélanie Matthieu est née à Corps, le 7 novembre 1831, d'une famille très-pauvre. Dès sa première enfance, son occupation fut la garde des troupeaux. Ses maîtres l'occupant le dimanche comme les autres jours, elle venait peu à l'église, elle était à peu près dépourvue de mémoire, aussi à l'âge de quinze ans passés, n'avait-elle pu encore être admise à la première communion. Avant l'apparition, elle était en service chez Baptiste Pra, propriétaire dans l'un des hameaux de la Salette. Cet homme disait que Mélanie était insouciante au point qu'en revenant parfois de la montagne, toute trempée de pluie, elle ne demandait pas même à changer de linge. Il la représentait encore comme boudeuse, fainéante et volontaire. Depuis l'apparition, écrivait M. le curé de la Salette, elle est devenue obéissante, active et plus appliquée à sa prière.

Cependant son intelligence n'était guère plus développée, car le 16 novembre de la même année (1846), la supérieure de Corps disait : Depuis un an, Mélanie n'a pu encore apprendre à réciter par cœur les Actes de Foi, d'Espérance et de Charité, quoique je les lui fasse dire deux fois par jour.

On remarque dans tout le maintien de cette fille une grande modestie.

Quoique très-timide, elle n'est ni gênée, ni embarrassée avec les étrangers.

Tels étaient les deux enfants à l'époque de l'apparition. Les personnes raisonnables et instruites diront s'il est croyable que de tels personnages aient pu inventer une pareille fable, ou bien s'il est possible qu'ils aient appris un rôle si compliqué et qu'ils l'aient joué et le jouent encore depuis treize ans avec tant de sang-froid, de constance, sans jamais se démentir. Ce serait un miracle beaucoup plus grand qu'une apparition de la sainte Vierge.

La Salette depuis l'événement jusqu'à ce jour.

Depuis l'événement du 19 septembre 1846, la France, l'Europe et le monde entier se sont occupés de la Salette. Les deux bergers, fidèles à l'ordre qu'ils ont reçu de la sainte Vierge, ont redit tous les détails et toutes les paroles de l'apparition à des milliers de visiteurs pieux ou simplement curieux, avec une patience et une foi à toute épreuve, répétant toujours : *Marie nous a dit de faire passer cela à tout son peuple.* Mgr de Bruillard et Mgr Ginouilhac, évêques de Grenoble, ont étudié et fait étudier le fait dans toutes les formes juridiques et avec la dernière maturité ; des ouvrages nombreux ont été écrits sur cet événement, il a été violemment attaqué comme toutes les œuvres de Dieu et victorieusement défendu. Quatorze croix ont été plantées sur la montagne de l'apparition pour marquer le chemin parcouru par la sainte Vierge et arrosé de ses larmes. Un sanctuaire a été élevé sur les lieux mêmes à l'aide des offrandes adressées de tous les points de la catholicité.

Une maison de missionnaires est établie sur la montagne pour distribuer aux pèlerins les secours spirituels et leur prêcher des retraites. De tous côtés, l'eau de la source miraculeuse est demandée avec ardeur comme remède aux maux les plus désespérés.

Des miracles très-nombreux et parfaitement constatés, sont venus imprimer le cachet authentique du ciel à la pieuse croyance des peuples. La liste de ces prodiges est loin d'être close, et chaque jour au contraire en amène de nouveaux. Aussi le nombre des pèlerins à la sainte Montagne croît chaque année ; il est surtout immense au jour anniversaire de l'apparition, et on a vu, dans cette circonstance, jusqu'à soixante mille voyageurs, représentants de toutes les nations du globe, venir faire amende honorable pour les péchés de leurs frères à la même place où la sainte Mère des Douleurs était venue les pleurer.

Le Curé d'Ars et la Salette.

« Le saint curé d'Ars, dont toute l'Europe déplore la perte récente, et qui depuis quarante ans était vénéré comme un homme miraculeux et consulté par des milliers de pèlerins accourus de tous les points de la France, a rendu au fait de la Salette un témoignage très-précieux.

« Deux chanoines distingués du diocèse de B. se rendant un jour à la Salette, vinrent lui faire une visite désirant sonder ses impressions touchant le fait de la Salette ; voici la réponse du saint homme : « Poursuivez, en toute confiance votre pieux pèlerinage. Croyez que Dieu ne confirmerait pas par des miracles une abominable supercherie et que l'Église n'enrichirait pas d'indulgences une jonglerie infâme! »

MANDEMENT

DE MONSEIGNEUR L'ÉVÊQUE DE GRENOBLE

AUTORISANT L'ÉRECTION D'UN NOUVEAU SANCTUAIRE
A MARIE SUR LA MONTAGNE DE LA SALETTE.

Nos Très-Chers Frères,

Un événement des plus extraordinaires, et qui paraissait d'abord incroyable, nous fut annoncé, il y a cinq ans, comme étant arrivé sur une des montagnes de notre diocèse. Il ne s'agissait de rien moins que d'une apparition de la sainte Vierge que l'on disait s'être faite à deux bergers (1), le 19 septemptre 1846. Elle les aurait entretenus de malheurs qui menaçaient *son peuple*, surtout à cause des blas-

---

(1) Maximin Giraud, né à Corps, le 27 août 1835, et Mélanie Matthieu, née à Corps, le 7 novembre 1831.

phèmes et de la profanation du dimanche, et aurait confié à chacun d'eux un secret particulier avec défense de le communiquer à qui que ce fût.

Malgré la candeur naturelle des deux bergers, malgré l'impossibilité d'un concert entre deux enfants ignorants, et qui se connaissaient à peine ; malgré la constance et la fermeté de leur témoignage, qui n'a jamais varié ni devant la justice humaine, ni devant des milliers de personnes qui ont épuisé tous les moyens de séduction pour les faire tomber en contradiction ou pour obtenir la révélation de leur secret, nous avons dû, pendant longtemps, nous montrer difficile à admettre comme incontestable un événement qui nous semblait si merveilleux. Notre précipitation n'eût pas été seulement contraire à la prudence que le grand Apôtre recommande à un évêque, mais elle eût été de nature à fortifier les préventions des ennemis de notre foi et de tant de catholiques qui ne le sont plus, pour ainsi dire, que de nom. Aussi, pendant qu'une foule d'âmes pieuses accueillaient ce fait avec grand empressement, nous recherchions avec soin tous les motifs qui auraient été capables de nous le faire rejeter, s'il ne devait pas être admis. Nous avons même bravé jusqu'ici le blâme dont nous n'ignorions pas que nous pouvions être l'objet de la part des personnes les mieux intentionnées d'ailleurs, qui nous accusaient peut-être d'indifférence sur ce point. Nous savions, au reste, que la Religion de Jésus-Christ n'a nul besoin de ce fait particulier pour établir la vérité de mille autres apparitions célestes que l'on ne saurait rejeter sans une disposition d'impiété et de blasphème à l'égard de l'Ancien et du Nouveau Testament. Notre silence, il est vrai, n'était pas l'effet d'une vaine crainte qu'auraient pu nous inspirer les déclamations dont certains esprits faisaient retentir la France, à l'égard de ce fait comme à l'égard de tant d'autres qui intéressent la Religion. Ce silence résultait de l'avis de l'Esprit-Saint lui-même qui enseigne que celui qui croit trop précipitamment n'est qu'un esprit léger, *qui credit cito, levis corde est* (Eccl., xix, 4). C'est là ce qui nous faisait un devoir de la plus sévère circonspection, principalement à cause de notre qualité de premier Pasteur.

D'un autre côté, nous étions strictement tenu à ne pas regarder comme impossible un événement, que le Seigneur (qui oserait le nier?) avait bien pu permettre pour en tirer sa gloire, car son bras n'est pas raccourci, et sa puissance est la même aujourd'hui que dans les siècles passés.

Pendant que notre charge épiscopale nous faisait un devoir de temporiser, de réfléchir, d'implorer avec ferveur les lumières de l'Esprit-Saint, le nombre des faits prodigieux qui se publiaient de toutes parts allait toujours croissant. On annonçait des guérisons extraordinaires, opérées en diverses parties de la France et de l'étranger, dans des contrées même fort éloignées. C'étaient des malades désespérés et condamnés par les médecins à une mort prochaine ou à des infirmités perpétuelles, que l'on disait rendus à une santé parfaite par suite de l'invocation de N.-D. de la Salette, et de l'usage qu'ils avaient fait avec avec foi de l'eau d'une fontaine sur laquelle la Reine du Ciel aurait apparu aux deux bergers. Dès les premiers jours, on nous avait parlé de cette fontaine. On nous avait assuré qu'elle était intermittente et ne fluait qu'après la fonte des neiges ou après des pluies abondantes. Elle était à sec le 19 septembre ; dès le lendemain, elle commença à couler, et coule sans interruption depuis cette époque : eau merveilleuse, sinon dans son origine, au moins dans ses effets.

Un autre fait, qui nous a paru tenir du prodige, c'est l'affluence à peine croyable, et néanmoins au-dessus de toute contestation, qui a eu lieu sur cette montagne à diverses époques, mais spécialement au jour anniversaire de l'apparition : affluence devenue plus étonnante et par l'éloignement des lieux, et par les autres difficultés que présente un tel pèlerinage.

Quelques mois après l'évènement, nous avions déjà consulté notre Chapitre et les professeurs de notre grand sémimaire ; mais après tous les faits indiqués plus haut et beaucoup d'autres qu'il serait trop long d'exposer, nous jugeâmes convenable d'organiser une commission nombreuse, composée d'hommes graves, pieux et instruits, qui devaient mûrement examiner et dicuter *le fait de l'Apparition et ses suites.* Les séances de cette commission ont eu lieu devant nous. Les deux bergers qui se disaient favorisés de la visite de la *Messagère Céleste* y ont été interrogés séparément et simultanément ; leurs réponses ont été posées et discutées ; toutes les objections, qui pouvaient être opposées aux faits racontés, ont été présentées librement. Un des vicaires généraux, qui avait été chargé par nous de recueillir tous les faits, l'a été également de rendre compte des séances de la commission et de consigner les réponses aux objections. Ce travail consciencieux et impartial, intitulé : *La Vérité sur l'événement de la Salette*, qui a été imprimé et revêtu de notre approbation, montre jusqu'à quel point on a porté l'attention et prolongé l'examen.

Quoique notre conviction fût déjà entière et sans nuage à la fin des séances de la commission qui se terminèrent le 13 décembre 1847, nous ne voulûmes pas encore prononcer le jugement doctrinal sur un fait d'une telle importance. Cependant, l'ouvrage de M. l'abbé Rousselot reçut bientôt l'adhésion et réunit les suffrages de plusieurs évêques et d'une foule de personnes éminentes en science et en piété. Nous avons su que ce livre était traduit dans tous les langues européennes. Plusieurs nouveaux ouvrages parurent en même temps et en diverses contrées sur le même fait, publiés par des hommes recommandables, venus exprès sur les lieux pour rechercher la vérité. Le pèlerinage ne se ralentissait pas. Des personnages graves, des vicaires généraux, des professeurs de théologie, des prêtres et des laïques distingués sont venus de plusieurs centaines de lieues pour offrir à la *Vierge puissante et pleine de bonté* les pieux sentiments d'amour et de reconnaissance, pour les guérisons et autres bienfaits qu'ils en avaient obtenus. Ces faits prodigieux ne cessaient d'être attribués à l'invocation de N.-D. de la Salette, et nous savons que plusieurs d'entre eux sont regardés comme vraiment miraculeux par les évêques dans les diocèses desquels il se sont accomplis. Tout cela est constaté dans un second volume publié par M. Rousselot, en 1850, qui a pour titre : *Nouveaux Documents sur l'événement de la Salette*. L'auteur aurait pu ajouter que d'illustres prélats de l'Eglise prêchaient l'apparition de la très-sainte Vierge, qu'en plusieurs lieux, et avec l'assentiment au moins tacite de nos vénérables collègues de pieuses personnes avaient fait construire des chapelles déjà très-fréquentées sous le vocable de N.-D. de la Salette, ou avaient fait placer dans des églises paroissiales de belles statues en son honneur ; qu'enfin de nombreuses demandes étaient adressées pour l'érection d'un sanctuaire qui perpétuât le souvenir de ce grand événement.

On sait que nous n'avons pas manqué de contradicteurs. Quelle vérité morale, quel fait humain ou même divin n'en a pas eu ? Mais pour altérer notre croyance à un événement si extraordinaire, si inexplicable sans l'intervention divine, dont toutes les circonstances et les suites se réunissent pour nous montrer le doigt de Dieu, il nous aurait fallu un fait contraire aussi extraordinaire, aussi inexplicable que celui de la Salette, ou du moins qui expliquât naturellement celui-ci ; or, c'est ce que nous n'avons pas rencontré, et nous publions hautement notre conviction.

Nous avons redoublé nos prières, conjurant

l'Esprit-Saint de nous assister et de nous communiquer ses divines lumières. Nous avons, également réclamé en toute confiance la protection de l'Imaculée Vierge Marie, mère de Dieu, regardant comme un de nos devoirs les plus doux et les plus sacrés, de ne rien omettre de ce qui peut contribuer à augmenter la dévotion des fidèles envers Elle, et de lui témoigner notre gratitude pour la faveur spéciale dont notre diocèse aurait été l'objet. Nous n'avons, du reste, jamais cessé d'être disposé à nous renfermer scrupuleusement dans les saintes règles que l'Église nous a tracées par la plume de ces savants docteurs, et même à réformer sur cet objet, comme sur tous les autres, notre jugement, si la chaire de saint Pierre, la mère et la maîtresse de toutes les églises, croyait devoir émettre un jugement contraire au nôtre.

Nous étions dans ces dispositions, et animé de ces sentiments, lorsque la Providence divine nous a fourni l'occasion d'enjoindre aux deux enfants privilégiés de faire parvenir leur secret à notre très-saint père le pape Pie IX. Au nom du vicaire de Jésus-Christ, les bergers ont compris qu'ils devaient obéir. Ils se sont décidés à révéler au Souverain Pontife un secret qu'ils avaient gardé jusqu'alors avec une constance invincible, et que rien n'avait pu leur arracher. Ils l'ont donc écrit eux-mêmes, chacun séparément. Ils ont ensuite plié et cacheté leur lettre en présence d'hommes respectables que nous avions désignés pour leur servir de témoins, et nous avons chargé deux prêtres, qui ont toute notre confiance, de porter à Rome cette dépêche mystérieuse. Ainsi est tombée la dernière objection que l'on faisait contre l'apparition : savoir qu'il n'y avait point de secret, ou que ce secret était sans importance, puéril même, et que les enfants ne voudraient pas le faire connaître à l'Église.

A ces causes,

Nous appuyant sur les principes enseignés

par le pape Benoît XIV, et suivant la marche tracée par lui dans son immortel ouvrage *de la Béatification et de la Canonisation des Saints* (liv. II, chap, XXXI, n° 12);

Vu la relation écrite par M. l'abbé Rousselot, l'un de nos vicaires-généraux, et imprimée sous ce titre: *La Vérité sur l'événement de la Salette*, Grenoble, 1848;

Vu aussi les *Nouveaux Documents sur l'événement de la Salette*, publiés par le même auteur en 1850; l'un et l'autre ouvrages revêtus de notre aprobation;

Vu les discussions en sens divers qui ont eu lieu devant nous sur cette affaire, dans les séances des 8, 15, 16, 17, 22 et 29 novembre, 6 et 13 décembre 1847;

Vu pareillement ou entendu ce qui a été dit ou écrit depuis cette époque, pour ou contre l'événement;

Considérant, en premier lieu, l'impossibilité où nous sommes d'expliquer le fait de la Salette autrement que par l'intervention divine, de quelque manière que nous l'envisagions, soit en lui-même, soit dans ses circonstances, soit dans un but essentiellement religieux ;

Considérant, en second lieu, que les suites merveilleuses du fait de la Salette sont le témoignage de Dieu lui-même, se manifestant par des miracles, et que ce témoignage est supérieur à celui des hommes et à leurs objections ;

Considérant, que ces deux motifs, pris séparément et à plus forte raison réunis, doivent dominer toute la question, et enlever toute espèce de valeur à des prétentions ou suppositions contraires dont nous déclarons avoir une parfaite connaissance ;

Considérant, enfin, que la docilité et la soumission aux avertissements du ciel peuvent nous préserver des nouveaux châtiments dont nous sommes menacés, tandis qu'une résistance trop prolongée peut nous exposer à des maux sans remède ;

Sur la demande expresse de tous les membre de notre vénérable Chapitre et de la très-grande majorité des prêtres de notre diocèse ;

Pour satisfaire aussi la juste attente d'un si grand nombre d'âmes pieuses, tant de notre patrie que de l'étranger, qui pourraient finir par nous reprocher de retenir la vérité captive :

L'Esprit-Saint et l'assistance de la Vierge Immaculée de nouveau invoqués.

Nous déclarons ce qui suit :

Art. 1er. — Nous jugeons que l'Apparition de la sainte Vierge à deux bergers, le 19 septembre 1846, sur une montagne de la chaîne des Alpes, située dans la paroisse de la Salette, de l'archiprêtré de Corps, porte en elle-même tous les caractères de la vérité, et que les fidèles sont fondés à la croire indubitable et certaine ;

Art. 2. — C'est pourquoi, pour témoigner à Dieu, à la glorieuse iverge Marie notre vive reconnaissance, nous autorisons le culte de Notre-Dame de la Salette. Nous permettons de le prêcher et de tirer les conséquences pratiques et morales qui ressortent de ce grand événement ;

Art. 3. — Nous venons d'acquérir le terrain favorisé de l'Apparition céleste. Nous nous proposons d'y construire incessamment une église qui soit un monument de la miséricordieuse bonté de Marie envers nous et de notre gratitude envers elle.

Donné à Grenoble, sous notre seing, le sceau de nos armes, et le contre-seing de notre secrétaire, le 19 septembre 1851 (cinquième anniversaire de la célèbre Apparition).

† PHILIBERT,
Évêque de Grenoble.

RÉSUMÉ COURT ET CLAIR

DES MOTIFS QU'A UN CATHOLIQUE DE CROIRE A LA RÉALITÉ D'UNE APPARITION DE LA SAINTE VIERGE SUR LA MONTAGNE DE LA SALETTE, LE 19 SEPTEMBRE 1846, PAR M. ROUSSELOT, VICAIRE GÉNÉRAL DE GRENOBLE.

1° L'Apparition de la sainte Vierge de la Salette eut lieu le 19 septembre 1846. Dès le lendemain, le fait fut connu au village de la Salette et dans le bourg de Corps. Il fut accueilli avec confiance par les uns, avec défiance par d'autres, avec incrédulité par un grand nombre ; cela devait être.

2° Au bout de quelques jours, il fut connu dans les pays environnants ; il parvint bientôt jusqu'à Grenoble. Dès lors l'autorité diocésaine eut à s'en occuper comme d'un fait sortant de l'ordre commun.

Elle commença à informer, mais prudemment, avec une sage lenteur, sans prévention comme sans enthousiasme. Il fut défendu au clergé d'en parler en chaire et de se prononcer prématurément avant la décision de l'autorité.

3º La croyance à la réalité d'une apparition gagna bientôt la presque totalité des habitants de la Salette, du canton de Corps et des cantons limitrophes. Un changement notable en bien s'opéra subitement dans les mœurs et les habitudes de ces contrées irréligieuses. En dehors de toute action du clergé, et malgré son silence absolu, les habitants du canton commencèrent à se transporter sur la montagne en vrais et pieux pèlerins; ils cessèrent leurs blasphèmes, leurs travaux du dimanche, et reprirent le chemin des églises.

4º Une guérison arrivée à Corps, celle de la femme Laurent, malade depuis plus de vingt ans, connue de tous, fit la plus profonde impression. Elle avait déjà invoqué Notre-Dame de la Salette et s'était fait apporter de l'eau de la montagne. Il fut bientôt reconnu que d'intermittente la fontaine était devenue intarissable ; ce qui accrut la foi et la confiance.

5° Cependant, et quelques jours seulement après le 19 septembre, des prêtres et des laïques instruits accoururent à Corps, visitèrent les lieux, et firent subir de longs et minutieux interrogatoires aux deux bergers, tantôt réunis, tantôt séparés. On fut étonné de la sagacité de ces petits pâtres à répondre à de nombreuses questions, à des difficultés, à des subtilités par lesquelles on voulait s'assurer qu'ils disaient vrai, et qu'ils ne se contredisaient ni entre eux, ni avec eux-mêmes.

6° Bientôt le bruit des miracles opérés dans les lieux étrangers au département se répand, s'accrédite et détermine les populations lointaines à se rendre en pèlerinage à la montagne devenue célèbre, et dès lors regardée comme sainte, mais sur laquelle il n'y avait encore ni chapelle, ni autel, ni prêtres, ni rien qui pût attirer ou satisfaire la piété ou même la simple curiosité. — Les pèlerins commencèrent à emporter de l'eau de la fontaine. La sœur Saint-Charles d'Avignon fut, au vu et au su de toute la ville, retirée des portes du tombeau par le recours à Notre-Dame de la Salette et par l'usage de cette eau réputée merveilleuse. Beaucoup d'autres guérisons extraordinaires, arrivées ailleurs, frappaient d'étonnement et faisaient grossir de jour en jour le nombre des pèlerins. Il y en eut près de cent mille la première année, et au premier anniversaire 60,000 couvrirent la montagne.

7° Deux commissions, formées par Mgr l'Évêque, délibérèrent séparément et secrètement. Elles conclurent qu'il ne fallait s'opposer à rien puisque tout se passait régulièrement et religieusement, mais aussi qu'il n'était pas encore temps de se prononcer et qu'il fallait attendre. — Toujours profond silence de la part de l'Évêque et de son clergé.

8° Deux prêtres délégués en 1847 parcourent

neuf diocèses du midi de la Erance. Partout il n'est bruit que de la Salette et des miracles opérés par l'intercession et par l'usage de l'eau de Notre-Dame de la Salette. Ils s'assurent en particulier de la guérison de la sœur Saint-Charles, et sur cette question ils consultent Mgr Nando, archevêque d'Avignon, qui leur répond qu'il ne doute pas plus de la guérison de cette sœur qu'il ne doute de la résurrection de Lazare.

9° En novembre et décembre 1847, une grande commission de seize membres du clergé est réunie au palais épiscopal sous la présidence de Mgr l'Évêque. La question de la Salette y est débattue contradictoirement, et le rapport des deux délégués y est discuté sérieusement dans huit séances. A la fin, Mgr l'Évêque déclare se réserver la décision quand il en sera temps.

10° Cependant le bruit des miracles va toujours grandissant ; le pèlerinage devient toujours plus nombreux, nonobstant la révolution de 1848 ; il est de plus en plus édifiant, et présente un concours soutenu de pèlerins de toutes nations, de toutes langues, de tous états, de toutes conditions. Tous les pèlerins, pendant quatre ans, peuvent voir, interroger, sonder les deux petits pâtres, auteurs de tout ce grand mouvement. Tous jugent que ces enfants n'ont pu être trompeurs, ni trompés.

11° Huit mois après l'apparition, on commence à répandre des écrits sur le fait. L'apparition est racontée, discutée et prouvée véritable. D'autre part, arrivent à l'évêché de Grenoble des difficultés, des objections. Tout est recueilli, examiné, apprécié et réduit à sa juste valeur. La plupart des pèlerins, parmi ceux surtout que distinguent la piété, le savoir et leur position dans l'Église ou dans le monde, en passant par la ville épiscopale, font part au au prélat, ou à ses conseillers, de leurs impressions et de leurs convictions, toutes favorables au fait de l'apparition.

12° En 1848 et 1850, Monseigneur autorise

la publication de *la Vérité* et des *Nouveaux documents sur la Salette*, mais ne se prononce pas encore comme juge du fait. Cependant il prépare son mandement, l'élabore au sein de son conseil, le communique à quelques-uns de ses véritables collègues, et finit par l'envoyer à Rome, d'où il lui revient avec quelques observations auxquelles le prélat s'empresse d'obtempérer. Enfin, en novembre 1851, après un délai et un examen de cinq ans, ce mandement ardemment sollicité par le plus grand nombre des diocésains et des étrangers, prêtres et laïques, quelque peu redouté par un petit nombre d'opposants, est mis au jour, publié et lu dans les 600 églises du diocèse. Il est envoyé à presque tous les évêques du monde. Bientôt il est traduit dans toutes les langues. A Rome, il est imprimé dans les journaux soumis à la censure pontificale. De nombreuses adhésions arrivent de toutes parts au vénérable auteur de ce jugement doctrinal. L'année suivante, Sa Sainteté Pie IX, par neuf rescrits expédiés en moins de trois mois, accorde les plus précieuses faveurs au nouveau sanctuaire de la Salette, aux missionnaires qui le desservent, aux pèlerins qui le fréquentent. Par le dernier, du 2 décembre 1852, Sa Sainteté permet à tout le diocèse de célébrer chaque année par l'office et la Messe de la sainte Vierge l'anniversaire de l'apparition.

D'après cet aperçu historique, auquel je pourrais ajouter beaucoup d'autres choses, voici ma profession de foi sur la Salette :

Je crois à la vérité de l'apparition de la sainte Vierge sur la montagne de la Salette, qui eut lieu le 19 septembre 1846,

1° Parce que d'un examen de cinq ans et de toutes les précautions prises, pendant ce long laps de temps, il résulte pour moi une *certitude morale* ou *la plus grande probabilité* que l'on puisse *humainement et religieusement* acquérir, que les deux petits bergers de la Salette, dans leur récit de l'apparition, n'ont été *ni trompeurs, ni trompés.*

2° Parce que depuis dix ans et sans discontinuation, et dans une infinité de lieux, et sur un grand nombre de malades, ont été opérées des guérisons tellement merveilleuses, tellement en dehors de toutes les lois de la nature, et d'ailleurs si parfaitement constatées par la voix publique, et quelques-unes mêmes par un jugement épiscopal, qu'elles constituent de *vrais miracles* opérés par l'invocation de Notre-Dame de la Salette *et par l'usage de l'eau* de la fontaine merveilleuse. Mais je crois en même temps que Dieu ne peut, par de *vrais miracles*, autoriser ni une abominable imposture, ni une jonglerie sacrilége.

3° Parce qu'en fait d'événements *religieux* et *surnaturels*, je dois m'en rapporter, non à mon sens privé, non à mon examen particulier, comme font les protestants, mais à la *décision doctrinale et canonique* des deux évêques de Grenoble, unis de communion avec le Souverain Pontife, et agissant même avec son assentiment. Or, ces deux évêques ont publié des mandements très-explicites sur la vérité du fait de la Salette, et le premier surtout a reçu l'adhésion, *au moins implicite,* de Rome, ainsi que des adhésions nombreuses, explicites ou implicites d'un très-grand nombre d'Évêques de la catholicité. En un mot, je crois à la vérité de l'apparition de la Salette, parce que cette apparition a pour elle la plus haute sanction qu'elle puisse avoir : celle de l'autorité épiscopale, seule règle sûre pour la conscience d'un catholique, qui croit et confesse avec saint Paul, que Dieu a *établi les évêques pour gouverner l'Eglise de Dieu.*

4º Parce qu'en dehors d'une intervention divine et surnaturelle, on n'expliquera jamais, d'une manière vraiment raisonnable, ce qui se passe sous nos yeux depuis dix ans :

1º Un pèlerinage toujours soutenu, toujours nombreux, toujours édifiant, composé non-seulement de simples fidèles, mais de tout ce que l'Église et les États catholiques comptent d'hommes éminents par le caractère, par le rang, par la vertu et les lumières ;

2° Une fontaine intermittente devenue intarissable, reconnne merveilleuse, dont l'eau est envoyée ou emportée dans toutes les directions ;

3° Un sanctuaire magnifique qui s'élève sur une hauteur de 1,800 mètres, en l'honneur de Marie, et à la construction duquel l'univers entier contribue par les dons les plus généreux ;

4° 250 églises, sanctuaires, chapelles, oratoires, qui, dans toutes les parties du monde, se sont élevés comme par enchantement en l'honneur de Notre-Dame de la Salette ; qui tous se relient au sanctuaire de la montagne, et dont un grand nombre est aussi fréquenté par les pèlerins que le sanctuaire du mont révéré ;

5° Des conversions sans nombre, des conversions inespérées, des conversions plus extraordinaires que les guérisons corporelles ;

6° Une archiconfrérie établie par l'autorité du Souverain Pontife, qui compte déjà ses affiliations par centaines, et ses associés par centaines de mille ;

7° Une correspondance unique, extraordinaire, entre la Salette et l'univers entier ; correspondance qui, en dix ans, se monte au moins à 40,000 lettres ;

8° Tant de confessions, de communions et d'autres œuvres de charité, de zèle, de piété, de générosité, de pénitence, qu'a fait faire la Salette ;

9° Onze évêques et plus de trente prêtres ou laïques instruits se sont faits les historiens, les apologistes, les apôtres de Notre-Dame de la Salette ;

10°. L'inutilité des efforts tentés, des difficultés soulevées, des objections imaginées, des injures prodiguées, etc., pour anéantir, affaiblir la foi à la Salette, et qui, loin de lui nuire, n'ont servi qu'à la faire connaître, à étendre son culte, à augmenter la confiance à la puissante protection de Notre-Dame de la Salette;

11° L'accomplissement progressif des menaces prophétiques faites sur la montagne : maladie de la vigne, des pommes de terre, etc.;

12° Enfin, avertissements salutaires, solennels, adressés par la Mère de Dieu à l'univers entier; avertissements qui ont retenti partout, qui sont si bien adaptés aux besoins de l'époque ; avertissements qui obtiennent les plus heureux résultats par la diminution du blasphème, de la profanation des saints jours, par les asscoiations récemment formées pour l'extirpation des blasphèmes et pour la sanctification du dimanche.

Voilà les motifs de ma foi, motifs si puissants qu'ils me font regarder le fait comme *certain* et *indubitable,* puisqu'il réunit en sa faveur :

1° Le témoignage des deux enfants;

2° Le témoignage du ciel;

3° Le témoignage de l'autorité épiscopale;

4° Le témoignage, enfin, d'une infinité d'hommes sages, éclairés, vertueux.

J'ajoute : La Salette, en dehors de l'intervention divine, en dehors d'une apparition céleste, devient inexplicable; et, pour échapper à un miracle, il faut admettre une multitude de miracles.

Si la Salette n'est qu'une fourberie ou une jonglerie, comment, depuis dix ans, produit-elle tant de bien, et ne produit-elle que du bien ? De bons effets peuvent-ils provenir d'une cause mauvaise ? On compte les sanctuaires de Marie par centaines. En est-il un seul qui doive son origine à une fausseté reconnue ?

Enfin, la Salette n'est pas démontrée fausse; elle peut être vraie, elle peut être divine. En s'y opposant, en la combattant, en la calomniant, à quoi s'expose-t-on ? Un catholique qui la combat est-il en sûreté de conscience ? Ne s'expose-t-il pas à résister à Dieu lui-même ?

Je ne condamne pas, à la vérité, ceux qui

ne croient pas ; je ne les accuse pas d'incrédulité ; je ne les taxe pas d'hérésie ; je ne les mets pas hors de l'Église. Mais il m'est permis de les regarder comme de *mauvais raisonneurs*, comme peu raisonnables, comme ayant fait divorce avec la logique. Mais je blâme hautement, et tout homme sensé flétrira énergiquement l'opposant systématique qui, pour combattre le fait de la Salette, emploie l'injure, la fausseté, le mensonge, la calomnie, les réticences malignes et autres armes dont les incrédules et les hérétiques se servent habituellement dans leurs attaques contre la religion.

Le témoignage du Ciel.

Les miracles sont la voix de Dieu. Dieu ne peut autoriser, par de vrais miracles, ni une abominable imposture, ni une jonglerie sacrilége.

Or il y a une quantité de miracles, dans

l'ordre physique comme dans l'ordre moral, opérés par l'invocation de Notre-Dame de la Salette et par l'usage de l'eau de la fontaine miraculeuse.

On compte par centaines les guérisons étonnantes, merveilleuses, instantanées obtenues par l'invocation de Notre-Dame de la Salette. Elles sont attestées par de nombreux témoins, par des communautés entières, par des médecins habiles et consciencieux, par des prêtres de tous les rangs de la hiérarchie ecclésiastique, et plusieurs par des évêques. Il en est même, comme celles d'Antoinette Bollenat, d'Avallon, de Mme Bonnet, de l'Ile de Ré, que l'autorité ecclésiastique a positivement déclarées miraculeuses, après une enquête minutieuse, après de longs et sérieux débats. En un mot, à moins que de donner dans le rationalisme, ou dans le scepticisme, on ne peut révoquer en doute l'existence des guérisons miraculeuses obtenues par l'intercession de Notre-Dame de la Salette.

Pour infirmer la valeur de l'argument que nous tirons de ces miracles en faveur de l'Apparition, dira-t-on que ces miracles n'ont pas été demandés *en confirmation du fait même?*

A cela nous répondrons : Pour que ces miracles prouvent la réalité du fait, il suffit qu'ils aient été obtenus par l'invocation de Notre-Dame de la Salette ou par l'usage de l'eau merveilleuse. Quel est le théologien, quel est le canoniste qui, pour constater *suffisamment* une apparition ou d'autres faits de ce genre, a jamais requis que les miracles qui en sont la suite, ou qui s'y rattachent, fussent formellement opérés en confirmation de ces faits? — Qu'est-ce en effet que la Salette? — Un fait qui se résume en un simple avertissement, une nouvelle grâce; un fait qui n'est, qui ne pourra jamais être l'objet que d'une pieuse croyance, un fait que chacun sera toujours libre de croire ou de ne pas croire. Or, est-il raisonnable d'exiger, pour la constatation suffisante d'un tel fait, les conditions rigoureuses que l'on requiert à peine pour établir la vérité de la révélation divine et la mission de ses auteurs?

Cela étant, nous considérons comme opérés en confirmation du fait de la Salette les miracles suivants :

1° La guérison d'Antoinette Bollenat et celle de Mme Bonnet, canoniquement constatées par Mgr l'Archevêque de Sens et par Mgr l'Évêque de la Rochelle, reconnues comme opérées par l'invocation de Notre-Dame, sous le vocable de la Salette, et par l'usage de l'eau de la Salette.

2° La guérison éclatante, publique et bien constatée de la sœur Saint-Charles, d'Avignon, *formellement* demandée en confirmation du fait de la Salette (1).

3° Celle non moins éclatante, non moins

---

(1) *La Vérité sur l'événement de la Salette*, p. 10 et suiv.

bien prouvée et publiée avec l'assentiment écrit de Mgr l'Évêque de Rennes, de Mme Marie-François de Sales, visitandine (1).

4° Celle de M. l'abbé Martin, élève du grand séminaire de Verdun, publiée avec une déclaration expresse de l'Évêque (2).

5° Celle de Marie Happe et celle de Marie Duchâteu, arrivées à Cambrai, et dont Mgr le Cardinal Giraud entretint le Pape réfugié à Gaëte en 1849 (3).

6° Celle de Sœur Marie de la Conception de Bourges, ursuline (4).

7° Celle de Marie-Angèle Lustrou, visitandine de Montélimar, dont Mgr Lyonnet, nouvel évêque de Valence, a été le témoin et dont il a permis et envoyé lui-même la relation (5).

(1) L'abbé ROUSSELOT, *Nouveaux documents sur la Salette*, p. 175 et suiv.
(2) *Ibid.*, p. 165 et suiv.
(3) *Ibid.*, p. 234 et suiv.
(4) *Ibid.*, p. 242 et suiv.
(5) Nous donnons ci-après, dans la *Neuvaine de méditations en l'honneur de N.-D. de la Salette*, la

Dira-t-on, en second lieu, que ces miracles ne prouvent pas que l'Apparition de la Salette est vraie, mais seulement que la sainte Vierge est toute-puissante auprès de Dieu, et qu'elle s'est plu à exaucer ceux qui recouraient à elle avec confiance, quoiqu'ils l'invoquassent sous un faux nom et avec une erreur matérielle dans l'esprit? — Si cette objection est fondée, c'est-à-dire s'il est vrai, comme il est faux, que Dieu, par de vrais miracles, puisse me confirmer positivement dans une erreur, je suis en droit de dire : *Dieu me trompe!* ce qui est un blasphème. — Dieu, sans doute, peut bien permettre que je tombe dans l'erreur, mais m'induire positivement dans l'erreur, jamais! Autrement que deviendrait la souveraine véracité de Dieu? — Si l'objection est fondée, c'en est fait de la béatification et de la canonisation des serviteurs de Dieu ; c'est en vain que, pour les élever au rang des bien-

relation de plusieurs miracles que nous mentionnons ici.

heureux, l'Église requiert au moins deux miracles, quatre pour les inscrire au catalogue des saints, car les miracles qu'elle croit dus à l'intercession de ceux qu'elle appelle les amis de Dieu, sont tout simplement la récompense de la vivacité de la foi de ceux qui ont invoqué des réprouvés peut-être. — Si l'objection est fondée, c'en est fait de tous les sanctuaires de l'univers catholique. Jusqu'ici on avait cru que la plupart de ces lieux vénérés doivent leur origine à un fait miraculeux, auquel se rattachent d'autres faits miraculeux prouvant la réalité du premier; jusqu'ici on avait cru que ces sanctuaires sont des lieux privilégiés, où Dieu se plaît à départir ses grâces, et auxquels il attache des faveurs qu'il n'attache pas à d'autres lieux. Erreur que tout cela ! Dieu exauce *également* en tout lieu ! En départant ses faveurs, il n'a égard qu'à la vivacité de la foi de ceux qui l'invoquent ! — Enfin, si l'objection est fondée, les miracles de l'Évangile ne prouvent plus la divinité de Jésus-Christ, car l'on peut dire que ceux qui les ont obtenus les doivent à la vivacité de leur foi. Ils se trompaient en les demandant à Jésus-Christ, comme en les croyant tenir de Jésus-Christ.

Résumons. Si plus de cent miracles, publics, éclatants, bien constatés, et plusieurs par l'autorité épiscopale, opérés par l'invocation de Marie sous le vocable de Notre-Dame de la Salette, ne prouvent pas la réalité du fait d'une Apparition, que deviennent tous les sanctuaires de la sainte Vierge ? — Si les miracles ne prouvent pas l'origine, *très-probable* au moins, d'un sanctuaire, c'en est fait des sanctuaires de Fourvières, de Liesse, de la Treille, de Montaigu, etc. — Si les miracles ne prouvent pas la réalité d'un fait, ou la sainteté d'un personnage, adieu la béatification et la canonisation des serviteurs de Dieu, l'une et l'autre sont absurdes, impossibles. — Si des miracles éclatants, constatés, publics, n'établissent pas la vérité d'un fait, que devient la véracité de Dieu ? Que deviennent les miracles mêmes de l'Évangile? Quel beau champ ouvert à l'incrédulité ! — Enfin, si les miracles de la Salette ne confirment pas la vérité de l'Apparition, et il y en a qui ont été *formellement* demandés en confirmation de ce fait, que confirment-ils donc?

Jusqu'ici nous n'avons parlé que des miracles de l'*ordre physique* dus à l'intercession de Notre-Dame de la Salette. Les miracles de l'*ordre moral*, ceux par lesquels Dieu agit sur la volonté de l'homme, sont-ils moins dignes d'attention que ceux par lesquels il déroge aux lois constantes de la nature ? — La guérison de l'aveugle-né de l'Évangile, par exemple, est-elle un miracle plus grand que la conversion de saint Paul ? Or, de nombreuses conversions, des conversions éclatantes, inattendues, ont été obtenues sur des pécheurs endurcis par l'invocation de Notre-Dame de la Salette et par l'usage de l'eau de la fontaine merveilleuse.

A la tête de ces conversions nous placerons

celle des habitants du canton de Corps et des cantons limitrophes. Un changement notable en bien s'opéra subitement, après l'événement du 19 septembre 1846, dans les mœurs et les habitudes de ces contrées irréligieuses. En dehors de toute action du clergé, et malgré son silence absolu, les habitants du canton de Corps et des environs commencèrent, immédiatement après l'Apparition, à se transporter sur la montagne en vrais et pieux pèlerins, ils cessèrent leurs blasphèmes, leurs travaux du dimanche, et reprirent le chemin des églises (1).

(1) Voici, au sujet de la conversion des habitants du pays de Corps, un témoignage que ne récuseront pas les beaux esprits qui se raillent de la Salette. On lit dans le *Figaro*, n° du 17 mai 1857, l'extrait suivant d'un article signé par M. Jouvin, du département de l'Isère :

« Le pays de Corps était naguère une contrée peu-
« plée de montagnards farouches et impies, avides,
« paresseux et tout à fait misérables. Sous la restau-
« ration, M. de R., avocat général à la cour royale de
« Grenoble, qui, dans une seule session, avait de-

Bientôt ce mouvement se communiqua de proche en proche, et le 19 septembre 1847, premier anniversaire de l'Apparition, on compta jusqu'à 60 mille pèlerins sur la montagne de la Salette. Des associations se formèrent en France pour la réparation du blasphème et l'observation du dimanche. Ces associations, qui remontent à l'événement du 19 septembre 1846, comme à leur source originaire, ont produit partout les plus consolants résultats.

« mandé trois têtes au jury et les avait obtenues,
« rendant la contrée solidaire des crimes nombreux
« qui s'y commettaient, l'appelait *l'école d'applica-*
« *tion du bagne et de l'échafaud.* Cette figure de
« rhétorique judiciaire, quoique justifiée par l'évé-
« nement, avait un inconvénient qui la rendait sans
« efficacité ; elle ne fut comprise ni de quelques
« honnêtes gens, ni des nombreux coquins de l'en-
« droit.

« Mais, ce que n'avaient pu faire l'éloquence et le
« code pénal, le récit de deux petits pâtres, qui ne
« savaient pas lire, l'accomplit en quelques mois.
« Les prisons se vidèrent, les églises se remplirent ;
« des montagnards sans foi ni loi devinrent honnêtes
« et moraux en devenant chrétiens. »

Chaque année, il se fait sur la montagne un nombre très-considérable de confessions et de communions. Nous pourrions citer plusieurs conversions individuelles éclatantes, obtenues sur des pécheurs endurcis par l'invocation de Dotre-Dame de la Salette et par l'usage de l'eau de la fontaine miraculeuse (1). — Se peut-il, nous le demandons, que tant de conversions, que tant de bons et de si notables effets proviennent d'une cause mauvaise, d'une imposture ou d'une fourberie sacrilège ?

Ce n'est pas tout. Voulant que l'homme puisse reconnaître avec certitude dans la Salette le sceau de celui à qui l'univers obéit, Dieu a joint, en faveur de ce fait, aux prodiges de sa puissance les merveilles de sa pensée.

C'est assez dire que la Salette a pour elle non-seulement de vrais miracles, mais des prophéties justifiées par l'événement.

(1) M. A. Nicolas en apporte plusieurs dans son beau livre intitulé : *La Salette devant la raison et le*

Notre-Dame de la Salette a prédit :

1° La continuation de la maladie des pommes de terre, maladie qui, pour Corps et les environs, devait être d'une telle intensité que, pour l'hiver qui suivit l'Apparition, le précieux tubercule devait faire entièrement défaut ;

2° La maladie de la vigne et des noix ;

3° La mortalité des enfants au-dessous de sept ans, et la maladie du blé, prélude d'une grande famine ;

4° Des fléaux pour la France, l'Allemagne, l'Italie et d'autres contrées, d'après ce que N. S. P. le Pape Pie IX, qui connaît le secret des deux bergers, nous en a révélé.

Or, « c'est un fait notoire, dit M. le chanoine Barthe (1), que la maladie des pommes de terre s'est manifestée dans toute sa force en 1846 ; qu'à la Noël de cette même année, dans le canton de Corps, il ne restait plus que

devoir d'un catholique, p. 368-375. 2ᵉ éd. Paris, Pélagaud, 1 vol. in-12.

(1) *Pourquoi je crois à la Salette*, p. 39-42.

la semence (1) ; et que cette maladie a continué sans interruption, les années suivantes, avec plus ou moins d'étendue et d'intensité. — C'est un fait avéré que la maladie de la vigne n'a commencé qu'en 1851, *cinq ans après l'Apparition;* que c'est depuis cette époque seulement qu'elle a occupé les feuilles publiques, le gouvernement et les corps savants, qui en ont vainement cherché l'explication, les causes et le remède souverain ; qu'elle s'est implantée en France et ailleurs en 1854, a continué de sévir depuis et dure encore, quoiqu'elle soit en décroissance. — C'est un fait non moins certain que la maladie des noix (qui forment l'une des principales récoltes du Dauphiné) est survenue en 1851 ; que, d'après un rapport officiel présenté à monsieur le ministre de l'intérieur, par M. Louis Leclerc, « dans le Lyonnais et le Beaujolais, beaucoup

(1) *La Vérité sur l'événement de la Salette*, etc., p. 206; — *La Salette vengée*, etc., p. 17 ; — *La Salette devant la raison*, etc., p. 323.

« de noyers se trouvaient dans une situation
« maladive, comme dans l'Isère, où l'impor-
« tante récolte des noix avait été perdue (1). »
— C'est un fait également incontestable (sans
parler ici de la mortalité qui frappa les enfants
dans le canton de Corps en 1847), que le choléra, ayant reparu en France accompagné de
la suette, y a fait, en 1854, une foule innom-
brable de victimes, dont les enfants au-dessous de sept ans ont formé à peu près la moitié,
soit dans la ville de Marseille, soit dans beaucoup d'autres; que ces deux maladies, et notamment la suette qui les attaquait, commençaient par un grand froid qui était suivi d'un
tremblement dans tous les membres, et qui,
au bout de trois ou quatre heures, amenait la
mort. — Enfin, c'est un fait public, s'il en fut
jamais, qu'à cette mortalité des enfants qui
devait précéder la famine destinée à faire aux

(1) Pages 11 et 12. — *La Salette devant la raison*, etc., p. 326; — *La Salette vengée*, p. 104, 105.

adultes *leur pénitence*, est venue se joindre la disette, mais une disette telle qu'en style biblique elle peut bien, certes, être appelée du nom de famine. La récolte du blé, en 1853, ayant été fort mauvaise, avait préparé cette grande crise alimentaire que nous avons eue à subir surtout en 1855 et en 1856, et qui a mis hors de prix, pour les trois quarts de la population, toutes les denrées, même les plus nécessaires à la vie ; en sorte qu'on a compté en France, dans l'année 1855, quatre-vingt mille décès résultant de la cherté des subsistances, en d'autres termes, causés par la faim et la misère (1). — Il n'est pas jusqu'à la circonstance de la maladie du blé qui n'ait reçu son accomplissement partiel ; cette maladie nouvelle a causé de grandes pertes en 1851 et en 1852, et depuis lors on a constaté plusieurs fois l'action pernicieuse de ce parasite sur le froment ; on a même trouvé de petits vers pul-

(1) *La Salette devant la raison*, etc., p. 338.

lulant dans les corolles qui étaient marquées d'une tache noire à leur racine (1). »

En présence de ces faits, qui pourrait nier que la partie *publique* des annonces prophétiques de la Salette ne se trouve pas vérifiée par l'événement? Et, quant aux fléaux prédits dans la partie *secrète* de cette prophétie, ne peut-on pas dire que l'année 1846 a été le prélude des plus grands malheurs?

En effet, ne sommes-nous pas, depuis 12 ans, témoins d'une série de fléaux qui promènent successivement sur tous les points de l'Europe, la ruine et la misère? En 1847, c'est la maladie des pommes de terre qui plonge partout la classe pauvre dans une extrême misère, et qui, pour l'Irlande surtout, est la cause de cruelles souffrances, d'épidémies et d'un grand accroissement de mortalité (2). La même an-

(1) Voir *Ibid.*, p. 333-335 — Voir aussi *La Salette vengée*, p. 99 et p. 105, note.
(2) *Discours de la reine d'Angleterre à l'ouverture du Parlement anglais*, le 19 janvier 1847.

née, c'est la révolution écrasant en Suisse la liberté et le catholicisme, et portant des Alpes en Italie ses torches et ses couteaux. — En 1848, c'est la misère qui se fait sentir partout, non-seulement dans les pays peu favorisés de la nature, mais sur les bords fertiles du Rhin, dans les riches plaines des Flandres, où des fièvres contagieuses déciment les populations (1). — La même année, c'est en France une révolution sanglante dont le contre-coup se fait sentir à Berlin, à Vienne, et qui, pour l'Italie, est l'envahissement des États de l'Église, et l'oppression des catholiques dans le Piémont. C'est ainsi que la révolution, cet éternel fléau de Dieu, porte successivement ses ravages d'une contrée à l'autre, comme autrefois ces hordes de barbares que Dieu envoyait contre ceux qu'il voulait châtier. Ce châtiment est un des plus terribles qui puissent être infligés aux hommes.

(1) *Circulaire du ministre de l'intérieur de Belgique à MM. les gouverneurs, en date du 29 janvier 1848.*

« Dieu l'envoie, dit Bossuet, afin de punir les
« scandales, de réveiller les fidèles et les pas-
« teurs, les peuples et les rois ; il permet à
« l'esprit de séduction de tromper les âmes
« hautaines, et de répandre partout un chagrin
« superbe, une indocile curiosité et un esprit
« de révolte (1). » — En 1849, c'est le choléra
qui porte la consternation et la mort dans presque tout l'univers, et qui, à Paris et dans la
banlieue, enlève de sept à huit cents personnes
par jour (2). — En 1851, c'est la maladie de la
vigne qui commence à se faire remarquer et
qui envahit bientôt tous les vignobles du
monde (3). — En 1852, c'est la maladie du blé
qui, déclarée l'année précédente, cause les
plus grandes pertes (4). — En 1853, c'est le
manque de récoltes de blé qui prépare la crise

(1) *Oraison funèbre de la reine d'Angleterre.*
(2) *L'Assemblée nationale* citée par *la Voix de la vérité,* le 7 juin 1849, n° 696.
(3) *La Salette devant la raison,* etc., p. 326-331.
(4) *Illustration* du 19 juillet 1856, p. 48.

alimentaire que nous avons traversée en 1855 et en 1856 (1). — En 1854, c'est la réapparition du choléra accompagné de diverses autres maladies. — En 1855, à la continuation du choléra et de la disette du blé, deux fléaux qui, en France, produisent, cette année et la précédente, une mortalité exceptionnelle de 361 000 décès (2), vient se joindre l'affreuse guerre de Crimée, qui coûte la vie à 500 000 hommes et des milliards à la France, à l'Angleterre et à la Russie. — En 1856, outre la disette et la maladie du blé, c'est le fléau dévastateur des inondations qui, dans le midi de la France, cause la ruine d'un si grand nombre de cultivateurs, et même d'habitants des villes. En 1857, en Italie et en Lombardie, et surtout dans les contrées méridionales de la France, c'est la maladie des vers à soie, désastre qui, pour les grands propriétaires de ces

(1) *La Salette devant la raison*, p. 332-339.
(2) Article du *Constitutionnel*, cité par *l'Univers*, n° du 12 mars 1857.

pays est la gêne, pour les gros fermiers la pauvreté, pour les petits tenanciers la misère (1). La même année, c'est le choléra qui, dans une grande partie du royaume de Portugal, notamment dans le Funchal, fait en peu de temps, des milliers de victimes (2). A Naples et dans les environs, ce sont des tremblements de terre qui jettent partout l'effroi et la consternation. — Au commencement de 1858, c'est l'attentat contre la vie de l'empereur des Français, formant le neuvième complot contre la vie des rois, dont nous sommes témoins depuis six ans. — Depuis 1847, c'est un dérangement de saisons qui a les plus fâcheux résultats sur la croissance et la richesse des

---

(1) *Journal de Bruxelles*, du 24 juin 1857, n° 175, col. 7. — *Indépendance belge*, du 27 avril 1857, n° 117, col. 7. — *Id.*, du 5 mars 1857, n° 64.

(2) D'après un bulletin officiel, il y a eu à Lisbonne, pendant les 105 jours d'épidémie, à compter du 9 septembre, 13,482 cas de choléra et 4,759 décès. (*Journal de Bruxelles* du 6 janvier 1858.)

récoltes (1). — C'est, depuis quatre ans, la maladie des arbres constatée à peu près partout, maladie qui a fait disparaître l'oranger des contrées méridionales de la France, et qui, dans les mêmes contrées, s'attaquant à l'olivier, en a rendu en 1857 la récolte absolument nulle en France. — Enfin, depuis deux ans, c'est une sécheresse universelle qui tarit les sources les plus abondantes, nuit aux plantes de toute espèce, met dans la gêne une multitude de cultivateurs, etc., etc.

N'y a-t-il pas dans cette série de malheurs un avertissement céleste; et la société moderne emportée, par le souffle du temps, loin de ses vieilles croyances, ne reconnaîtra-t-elle jamais dans ces leçons terribles la voix de Dieu irrité?

Concluons. D'un côté, des miracles nombreux, éclatants, incontestables, dans l'ordre

(1) *Indépendance belge* du 11 mai 1857. n° 131, col. 3.

physique comme dans l'ordre moral; de l'autre, des fléaux prédits et qui se réalisent : voilà le témoignage du Ciel en faveur de la Salette, témoignage, certes, bien propre à faire ouvrir les yeux aux plus incrédules.

Ainsi, trois sortes de témoignages dont chacun, pris en particulier, forme à lui *seul* une preuve irréfragable, sont incontestablement acquis à l'événement si remarquable du 19 septembre 1846; donc cette apparition est certaine, indubitable.

ASCENSION

DE LA MONTAGNE DE LA SALETTE

Depuis CORPS.

Au sortir du bourg de Corps, on remonte par un chemin facile et agréable, tracé sur le flanc de la montagne, le ruisseau qui coule au pied. Après une demi-lieue, on le traverse en face de la petite chapelle de NOTRE-DAME *du Gournier,* surmontée de sa petite cloche et ainsi appelée du nom de son fondateur.

C'est en vain que vous voudriez passer outre, votre monture connaît son itinéraire et s'arrête tout court ; elle vous invite à descendre pour venir dire votre *Ave Maria.* A gauche, et tout près de la chapelle, est une croix portant quelques insignes de la Passion. C'est un pieux jalon qui avertit le pèlerin qu'il marche vers la *nouvelle Voie douloureuse*, que la très-sainte Vierge a arrosée de ses larmes.

A partir de là, ce n'est plus qu'un sentier d'un parcours difficile, jusqu'au sommet de la sainte Montagne. Il devient bientôt rude, escarpé, bordé de précipices, du fond desquels s'élève le mugissement des eaux qui tombent avec fracas de cascade en cascade.

Il faut de la résolution pour mesurer de l'œil et de sang-froid, sur un aussi étroit passage, la profondeur de ces abîmes. Mais ne craignez rien, ne vous effrayez pas, même si votre mulet marche de préférence au bord du précipice; il a le pas sûr, votre muletier le tient par la bride, et, mieux que tout cela, la puissante MAITRESSE du lieu où conduit ce sentier, protége si bien ceux qui viennent lui rendre visite *qu'on n'a jamais entendu dire* qu'il y ait eu aucun accident.

Je me trompe, deux pèlerins ont roulé au fond du précipice, mais, gloire à la Reine des cieux qui les a sauvés ! ils se sont relevés sains et saufs.

Une fois arrivé à la chapelle Saint-Sébastien, qui est à droite et qui porte l'inscription : *Saint Sébastien, préservez-nous de la peste,* on découvre le village de la Salette, qui renferme treize hameaux dans sa circonscription.

Tout près de cette chapelle, sur la gauche, se trouve celle de *Notre-Dame* des Sept Douleurs, qui est des plus gracieuses et très-bien entretenue.

On y célèbre la messe, en été, tous les samedis.

C'est encore un pieux jalon qui rappelle une seconde fois au pèlerin qu'il chemine vers le *nouveau Calvaire* que MARIE s'est choisi.

A droite, dans une vallée profonde, l'œil découvre plusieurs villages ; redescendant quelques pas on traverse un pont en pierre sur le même ruisseau, qui fait tourner en ce lieu deux moulins. Ce ne fut pas sans regret que j'appris de mon guide que là l'*eau* de la *source miraculeuse* commençait à se confondre avec les eaux impuissantes des autres ruisseaux, qui affluent en cet endroit, et qu'elle allait se perdre ainsi obscurément dans le *Drac*, puis dans l'*Isère*. Puisse-t-elle du moins, m'écriai-je, communiquer à ces divers cours d'eau quelque chose de sa vertu puissante !

On arrive bientôt au village de la *Salette* après une courte montée sur un sentier difficile, formé de schistes et d'ardoises inclinées ; on passe devant le hameau de *Chabannerie* et *des Brutignons* ; puis, le même ruisseau traversé deux fois, on arrive par une côte très-roide au hameau *des Ablandins*. C'est là qu'au fond d'une petite ruelle à gauche, on aperçoit, vis-à-vis l'une de l'autre, les deux maisons où demeuraient Maximin et Mélanie au moment de l'Apparition.

Au sortir de ce hameau, un spectacle émouvant se présente : *c'est la sainte Montagne, grande, majestueuse*, et au pied la vallée du

Sezia, heureuse dépositaire de l'*eau* de la *source miraculeuse*.

A cette vue, le cœur du pèlerin bondit de joie, il oublie sa fatigue et, hâtant sa marche, le voilà qui contemple le limpide ruisseau ; il le traverse avec respect, et foule avec un pieux empressement le sol sacré de la Montagne bénie. Cependant un dernier hameau, celui de *Dorcières*, lui reste à franchir, mais il lui faut du courage, car désormais l'étroite voie est ardue et ravinée ; pourtant ce n'est pas là encore la montée la plus difficile ; en effet, après avoir traversé ce hameau le sentier devient plus que jamais abrupt, difficile et escarpé, et cela pendant une heure, avant d'arriver au lieu tant désiré.

Mais n'importe, la résolution ne manque pas au pèlerin, il est comme électrisé par la mystérieuse vertu qui semble s'échapper de la sainte Montagne qu'il gravit. Il est soutenu d'ailleurs par cette pensée : la voie qui conduit au ciel est étroite et difficile. Aussi bien ne

7

pourrait-on pas dire qu'il est dans la voie du Ciel, le pèlerin qui, se trouvant bientôt à la hauteur de dix-huit cents mètres au-dessus des mers, s'élève vers le *Thabor* de la Reine des Cieux, perpétuel témoin de tant de merveilles ?

C'est au milieu de ces pieuses et consolantes pensées que s'exécute courageusement l'ascension la plus rude et la plus pénible, et que l'on arrive à peu de distance du sommet de la Montagne bénie. Déjà l'on aperçoit le dôme du Sanctuaire, et l'on entend le tintement joyeux de la cloche appelant au divin Sacrifice. Le plaisir que cause à l'un de nous cet agréable son le porte à en compter les coups; il en trouve dix-neuf, suivis bientôt de trois autres. C'est pour lui un trait de lumière qui le remplit de joie, et il s'écrie dans un pieux transport :

SALUT, *ô 19 septembre trois heures après-midi, jour et heure mille fois bénis! ô le plus fortuné de tous les samedis consacrés à Marie,* qui as été témoin du brillant éclat de la Reine des Cieux et des larmes de sa tendresse ! La cloche propice te publie avec bonheur de sa voix sonore et de toute sa puissance, comme un jour de grâce signalé du Ciel.

SALUT aussi à toi, ô *voix céleste*, qui vibres si puissamment à l'oreille du pèlerin, en annonçant à la fois et l'auguste Sacrifice du FILS et l'Apparition miséricordieuse de la MÈRE, et la mort du FILS de Dieu fait homme pour l'expiation des péchés du monde et les pleurs de sa sainte MÈRE sur la Montagne bénie, à cause de l'ingratitude d'un si grand nombre de ses enfants dont l'indifférence, les crimes et les blasphèmes abominables ont provoqué l'indignation et la colère de son divin FILS.

Ta voix éloquente annonce et redit à chaque instant, dans ses dix-neuf coups et les trois autres qui les suivent, deux événements bien différents sans doute, mais qui ont *une connexion et une liaison admirables*.

Que d'amour en effet n'y a-t-il pas pour le

salut du monde dans ce lieu divinement établi, entre le Calvaire où le Fils de Dieu, il y a dix-huit siècles, vint s'immoler comme un doux agneau pour les hommes, et la montagne de la Salette où la Mère vient pleurer aujourd'hui pour les réconcilier avec son Fils irrité ! C'est pour apaiser sa juste colère que cette Mère de douleurs est venue arroser de ses larmes ce *nouveau Calvaire,* parce que les péchés des hommes sont montés jusqu'au Ciel et ont crié vengeance contre nous.

Et quel jour a-t-elle choisi, cette Mère incomparable, pour venir se montrer à l'UNIVERS ? C'est la veille de la fête de Notre-Dame des Sept Douleurs, voulant par là exciter davantage une tendre compassion dans tous les cœurs. Et comment paraît-elle ? Elle paraît avec tout son trésor, c'est-à-dire revêtue de l'image de son Fils crucifié et des instruments de la Passion, comme son unique et dernière ressource pour toucher les chrétiens les plus endurcis.

Cette tendre Mère met donc tout en œuvre pour arracher ses enfants ingrats aux châtiments qu'ils ont mérités et pour les convertir : paroles pleines de miséricorde et d'amour, plaintes, promesses, menaces : enfin ce n'est pas assez de se montrer comme une Mère désolée ; elle veut encore paraître dans l'éclat majestueux de la Reine des Cieux, afin de nous encourager, de nous donner foi à ses maternels avertissements et de nous attirer à elle par ses divins attraits.

C'est ainsi qu'armée de toutes les puissances de son amour, Elle a voulu apparaître sur la sainte Montagne.

Aussi le cœur de son divin Jésus ne peut-il résister aux prières, aux larmes et à la douleur ineffable de sa sainte Mère. Elle est toujours pour lui la toute-puissance suppliante. Il consent à différer les grands coups de sa colère et à s'immoler même chaque jour sur la Montagne arrosée des larmes de sa Mère, pour attendre encore les pécheurs.

Quel langage humain pourra jamais dire ce qu'il y a de sublime dans cet entretien céleste, entre le Fils de Dieu et sa sainte Mère? tout ce qu'il y a d'amour pour l'homme et dans le cœur du Fils qui se laisse désarmer, et dans le cœur de la Mère qui remporte la victoire ?

Pendant ces pieuses réflexions, notre petite caravane chemine, se presse et arrive enfin sur le célèbre *Plateau*, sur la *Montagne des miracles*.

C'est avec un vif saisissement de respect que le pèlerin l'aborde et la salue. Ses yeux avides de voir, non moins que son cœur de sentir, se fixent tout d'abord sur le magnifique *Sanctuaire*, surmonté de ses deux clochers. Ce monument est appuyé à gauche sur le bâtiment hospitalier des missionnaires de la Salette, et à droite sur celui de la communauté des religieuses de la Salette.

Le pèlerin, plein des vives émotions que la sainteté de ces lieux a fait naître en son âme, entre tout d'abord dans le sanctuaire que Marie a préparé à son divin Fils pour fléchir sa colère.

Après avoir fait son acte d'adoration, il se relève : une statue magnifique s'offre alors à sa vue, c'est celle de la sainte Vierge placée au-dessus du maître-autel, et consacrée à l'Immaculée-Conception ; c'est un ex-voto de M. Rey de Garidel, de Marseille (1).

Elle porte les insignes de la Passion Elle est toute dorée et entourée d'une guirlande de cœurs d'or qui lui servent d'auréole, et tout le pourtour de sa robe est garni de de roses. Tous ces cœurs sont la figure de ceux que *Notre-Dame de la Salette* a conquis par ses bienfaits.

Le maître-autel qui supporte cette belle statue n'est que provisoire. Il sera remplacé

---

(1) En reconnaissance de la protection signalée de Marie dans une chute effroyable qu'il fit avec son cheval, sur l'escarpement de la Montagne, et où il devait trouver la mort. Mais il invoqua le secours de *Notre-Dame de la Salette*, qui le sauva.

par un autel de toute beauté dont l'exécution est confiée à d'habiles artistes d'Angers, sous la direction de M. l'abbé Schoyer. Il doit coûter de 35 à 40,000 francs.

C'est au zèle infatigable de M. Similien que l'on doit cette somme énorme, qu'il a recueillie en faisant la quête dans plusieurs départements. Ce chrétien si dévoué à Marie ne s'est pas contenté de cette quête prodigieuse, il a voulu consacrer au sanctuaire de la *Salette* le produit de son excellent ouvrage : *Pèlerinage à la Salette.*

Les murs du chœur sont littéralement couverts d'*ex-voto*. C'est une multitude de tableaux de toute grandeur, au milieu desquels on voit *des pieds, des mains en plâtre ou en bois, des lunettes, des lettres, des procès-verbaux* etc. Ce sont là autant de témoins éloquents des merveilles opérées par l'intercession de *Notre-Dame de la Salette.*

A droite du maître-autel est la chapelle de Saint-Philibert, patron de Mgr de Bruillard.

L'autel est en très-beau marbre blanc, ainsi que le tabernacle. La table sainte est d'un beau marbre jaune jaspé. La marche est en marbre noir de la sainte Montagne.

A gauche est la chapelle de Saint-Joseph, portant l'Enfant Jésus de son bras gauche et une branche de lis de la main droite. L'autel provisoire est en bois, mais la table sainte et la marche sont du même marbre qu'à la chapelle de Saint-Philibert.

Deux superbes lustres et six lampes, dont quatre dorées et deux argentées, suspendues à la voûte de la grande nef, servent à éclairer l'église. Elles sont toutes des témoignages de la reconnaissance des fidèles pour des grâces signalées.

Spectacle touchant! sur l'un des confessionnaux, on admire un groupe énorme de béquilles qui n'ont pu être placées avec les nombreux *ex-voto* du chœur. Toutes ces voix éloquentes attesteront aux générations présentes et futures la puissance de NOTRE-DAME de la Salette, dont l'invocation ou l'eau miraculeuse ont suffi pour redresser et guérir tous ces membres desséchés, tordus ou paralysés, symbole frappant des âmes redressées et guéries par l'intercession toujours efficace de *Notre-Dame Réconciliatrice* de la sainte Montagne.

Le fond du chœur est éclairé par trois verrières ovales qui représentent :

L'ange Gabriel.

La Sainte Vierge, de l'Immaculée Conception.

Sainte Anne.

Trois médaillons, en forme de vitrail arrondi, qui servent à éclairer le reste du chœur, représentent *Notre-Dame de la Salette* dans les trois positions où elle s'est montrée.

1° Assise sur la pierre de la fontaine tarie.

2° Parlant debout aux deux enfants.

3° S'élevant de terre pour remonter au ciel.

Quant aux vitraux de l'église, ils représentent les mystères du Rosaire.

Toutes ces peintures sont d'une belle exécution et magnifiques par la fraîcheur, la variété et la vivacité des couleurs.

L'église a 50 mètres de long et 17 mètres de large, elle est entièrement couverte.

Nous contemplions encore avec délices ces tableaux ravissants lorsque onze heures sonnaient. Les pèlerins sortent alors de l'église, suivis d'un missionnaire. Nous suivons aussi le mouvement. A peine avons-nous franchi le seuil de la porte, que l'élégante et gracieuse chapelle de l'Assomption, blanche comme la neige, s'offre agréablement à nos regards. Mais la foule des pèlerins qui se dirigent à gauche vers le petit vallon du *Sezia*, où l'on se désaltère à longs traits, nous a bientôt fait reconnaître le lieu de la FONTAINE MIRACULEUSE. Chacun y court et y étanche abondamment sa soif, sans crainte aucune, quoique l'on soit baigné de sueur.

La *Source* merveilleuse coule à flots. Elle est entourée d'un grillage en fer, sur lequel repose une jolie petite statue de la sainte Vierge, en bronze.

Le digne missionnaire, après avoir fait un court mais vif narré de l'Apparition de la sainte Vierge, dit aux nombreux pèlerins qui l'entouraient : « Vous ne connaissez sans doute pas l'histoire de cette jolie statuette de la sainte Vierge, dont la tête est tous les jours couronnée de nouvelles fleurs de la Montagne que les pèlerins y déposent avec respect. Je vais vous la dire. Un pauvre ouvrier nommé Vincent, demeurant à Lyon, avait sa femme très-malade. La maladie eut bientôt épuisé les faibles ressources du ménage. Dans cette détresse, il vint à la femme la pensée de faire une neuvaine à *Notre-Dame de la Salette*, pour obtenir sa guérison ; la proposition fut acceptée par le mari, qui ajouta : Si la *sainte Vierge* te guérit, *je la récompenserai.* » Or, à la fin de la neuvaine, la femme est effectivement guérie. Le pauvre Vincent, plein de joie et de reconnaissance, dit alors à sa femme : « Maintenant, te voilà guérie, qu'allons-nous faire pour *récompenser Notre-Dame de la Salette*, je n'ai plus que vingt sous dans la poche, mais que peut-on faire avec si peu ? »

Il était dans ces réflexions, quand son voisin entre et lui dit : « Oh ! Vincent ! — Eh bien ! qu'est-ce ? — Veux-tu prendre un billet de loterie ? — Ah ! tu sais bien dans quelle position nous a mis la maladie de ma femme, je n'ai pas d'argent mignon à dépenser, je n'ai plus que vingt sous pour toute fortune. — Tout justement les billets de cette loterie coûtent un franc, prends celui-là, tu gagneras un bon lot avec lui. » Après un moment de réflexion : « Eh bien ! va comme il est dit, » s'écrie Vincent. Et tirant la pièce de un franc de sa poche, il prend le billet et ajoute : « Si je gagne, ce sera pour *récompenser* la sainte Vierge d'avoir guéri ma femme. » Or, quelques jours après, la loterie se tira, mais ce ne fut pas sans la participation de *Notre-Dame de la Salette* ; car on apporta à Vincent une jolie STATUETTE de la sainte VIERGE, en bronze, qu'il avait gagnée, et que ce bon ouvrier vint tout joyeux nous apporter au pèlerinage, pour *récompenser Notre-Dame de la Salette*.....

A LA
SOURCE DE LA SALETTE.

Salut, Fontaine de la Salette! qui as jailli sous les pieds sacrés de la Reine des Cieux, dans un jour à jamais mémorable, salut, trois et quatre fois salut!

Jadis ton onde rare et intermittente ne s'échappait qu'avec peine des flancs de la Montagne, pour aller aussitôt se perdre misérablement dans la vallée, et maintenant tu coules à flots, tu coules sans cesse et toujours.

Que dis-je? par la foi des pèlerins tu coules jusqu'aux extrémités du globe (1), et les miracles sont les fleurs sans nombre dont ton cours est émaillé : chacun d'eux apporte sa

(1) C'est un des caractères d'*universalité* du grand fait de l'Apparition.

grâce propre, son parfum spécial, et raconte à sa manière la gloire de Marie et la souveraine efficace de ses miséricordieuses larmes.

O prodige ! comme à l'époque du Sauveur du monde, *les aveugles voient, les sourds entendent, les boiteux marchent* ; *le paralytique lui-même, étonné de courir, tressaille et pousse des cris de joie !* Semblable à la grâce qui, de cette sainte Montagne, se répand en tous lieux, pour guérir et régénérer les âmes, tu vas partout, *onde salutaire*, infusant une nouvelle séve à notre nature appauvrie, faisant reverdir la vigueur des membres épuisés, dissipant par un charme divin jusqu'aux traces de la souffrance, et enlevant sur ton passage toutes les infirmités.

Touchante expérience de tous les jours ! tu guéris les malades, *mais tu n'en fais pas*, et le pèlerin trempé de sueur peut baigner impunément ses mains et son visage dans ton *onde bienfaisante*, il peut s'en abreuver à longs traits ; car, ainsi que la douce Marie, tu es toute bénigne et toute bonne ; le doute seul neutralise tes effets, et le démon est le seul à redouter ton contact. On dirait que tu lui rappelles l'amour outragé dont la vengeance intarissable distille sur lui goutte à goutte.

Symbole charmant de la VIERGE sans tache, *Fontaine* privilégiée, tu demeures incorruptible, tu sembles ignorer la double action de l'air et du temps; aucun insecte, aucune mousse, aucune végétation, même imperceptible, n'altère la limpidité, ne déshonore le cristal de tes eaux, en y déposant un germe impur : après de longues années, vous la revoyez toujours transparente et toute belle.

Vienne maintenant la science avec le cortége de ses procédés ordinaires ; qu'elle essaye de soumettre l'*eau mystérieuse* à ses subtiles recherches, vains efforts ! elle n'y trouvera rien de nature à produire tant de cures incontestables, absolument rien, pas le moindre principe médicinal. Ah ! pour découvrir la vertu dont cette *eau* fut imprégnée, il faudrait remonter plus haut, il faudrait analyser votre puissance, décomposer votre tendresse, *ô la meilleure des mères*, et l'œil investigateur des anges n'y suffirait pas.

Elle voulait, cette Mère incomparable, que tous les hommes eussent part aux fruits de sa visite, de même qu'elle les renferme tous dans les étreintes de son amour ; mais, considérant que tous ne pouvaient exécuter le saint pèlerinage, elle a, dans sa sollicitude, chargé une substance pure et fluide d'être au loin le véhicule et la messagère de ses faveurs.

Ah ! puisses-tu, *Fontaine* de la Salette, Jourdain de Marie, retremper ton peuple dans la fraîcheur de la foi ! puisses-tu ramener parmi nous la fertilité, l'abondance, avec la beauté des anciens jours, et faire de notre belle patrie, revenue tout entière au culte du Seigneur, comme une terre de bénédiction, comme un véritable Éden !

Après avoir salué ainsi la *source* miraculeuse, le pèlerin trouve à quatre pas de là, à sa gauche, la première *croix de la nouvelle*

Voie douloureuse, dont il parcourt les quatorze stations avec empressement, sachant que *Notre-Dame de la Salette* y prie avec les pèlerins.

NEUVAINE

A NOTRE-DAME DE LA SALETTE.

MANIÈRE DE LA FAIRE.

On peut faire une neuvaine en l'honneur de Notre-Dame de la Salette, pour divers sujets ; par exemple : pour s'unir aux douleurs que la Mère de Dieu est venue manifester par cette touchante apparition ; pour obtenir par son intercession l'extirpation des désordres qu'elle a signalés à notre pénitence ; pour détourner de la terre et de la France en particulier, les fléaux qu'elle nous a fait entrevoir ; enfin, pour lui demander en faveur des nôtres, ou de nous-mêmes, quelque bienfait spirituel ou corporel.

La meilleure disposition où l'on puisse se placer pendant cette neuvaine, est de s'unir à toutes les intentions et à tous les sentiments de Marie apparaissant aux petits bergers, de se nourrir des détails et des paroles de cette merveilleuse visite, et surtout, de s'en appliquer les graves enseignements.

Mais l'essence de la dévotion à la Salette est une pensée de réparation et de pénitence on ne peut se promettre d'être exaucé, qu'en faisant, pendant la neuvaine, un retour sincère sur sa vie, et une confession accompagnée d'un vrai repentir et couronnée par une communion fervente.

On pourra lire chaque jour un des exercices suivants, que l'on terminera par la récitation des litanies et auquel il sera très-utile d'ajouter quelques bonnes œuvres, d'après la position de chacun.

S'il s'agissait d'obtenir la guérison d'une maladie, on ferait bien de boire, pendant la neuvaine, un peu d'eau de la source miraculeuse, dans le cas où il serait possible de s'en procurer.

Premier jour.

Réflexions sur quelques circonstances de l'Apparition.

La sainte Vierge à la Salette choisit des enfants pour confidents de son céleste message, afin d'imiter les voies sages de Dieu, qui laisse les orgueilleux dans les ténèbres, qui se communique aux humbles, qui emploie des instruments faibles afin de mieux manifester sa puissance, d'éprouver notre foi et d'ajouter au mérite de notre obéissance. Marie se montre à des bergers pour honorer la vie modeste et simple des champs si méprisée aujourd'hui. Elle apparaît sur une montagne pour nous dire que le moyen de la trouver est de se rapprocher du ciel, en renonçant aux vils intérêts et aux vains bruits de la terre. Elle choisit la veille de la fête des Sept Douleurs, parce que c'est une douleur qu'elle vient annoncer. Enfin, elle apparaît auprès d'une source tarie pour nous apprendre que la cause de son affliction est de voir tarie dans notre âme la source de la grâce, et que si nous voulons accepter son cœur pour refuge, nous pouvons retrouver encore notre première vie.

PRIÈRE.

O Vierge ! en qui Dieu fit de si grandes choses à cause de vos abaissements, obtenez-moi de devenir petit à mes yeux, pour participer à vos ineffables secrets. Je veux établir mon âme dans une paix et dans un détachement qui vous permettent de me manifester toujours la volonté de Dieu sur moi. Faites que mon cœur, desséché jusqu'ici par le feu des passions, ne se désaltère qu'aux pures sources de la vertu et des sacrements.

Le Moribond converti.

Un vieillard, honnête selon le monde, mais bien arriéré envers Dieu, était à l'extrémité sans vouloir entendre parler de religion. Sa famille désolée avait épuisé tous les moyens de persuasion. Elle hésita longtemps à invoquer Notre-Dame de la Salette, en qui elle avait peu de foi. Cependant, à titre d'essai, on fait célébrer en même temps en son honneur une messe sur la sainte Montagne et une autre, à la même heure, à la paroisse. Au moment où elles se terminaient, le malade se réveillant comme d'un sommeil, dit aux siens : « Allez me chercher un prêtre, je veux me confesser. » On y court ; il reçoit tous les sacrements et fait une mort des plus édifiantes.

(*Écho de la Sainte-Montagne*).

Deuxième jour.

Pleurs de Marie.

Tout respire la douleur, tout pleure dans Marie apparaissant aux petits bergers. Elle cache d'abord son visage dans ses mains, puis elle verse des larmes sensibles. Elle porte sur elle les insignes de la Passion, chacune de ses paroles est un gémissement, enfin elle laisse une source comme emblème intarissable de ses pleurs.

Ne demeurons pas étrangers à des larmes dont nous sommes tous les auteurs. Il est cruel de faire pleurer sa mère ; mais il est plus cruel d'être insensible à ses larmes. Voyons en quoi et depuis quel temps nous faisons pleurer Marie, et promettons ici de la consoler désormais.

PRIÈRE.

O Mère affligée ! si j'avais vu couler vos larmes, je les aurais recueillies comme des perles précieuses. Heureux le sol qui les a bues, que ne puis-je le baiser avec amour ! Mais, ingrat que je suis, elles coulent tous les jours sur mes péchés, ces larmes bénies, et, plus dur qu'un rocher, je n'y joins pas les miennes. Obtenez-moi, bonne Mère, par le mérite de vos douleurs, la grâce de ne pas la renouveler, et que mon cœur, fertilisé par vos pleurs, produise des fruits de pénitence et de salut.

Un incrédule devenu croyant.

Un médecin de Marseille s'était rendu à la Salette avec des dispositions entièrement hostiles à ce culte. Sur la montagne, la vue des lieux, le concours des visiteurs, la grâce, surtout, changèrent son esprit plus disposé à la raillerie qu'à la prière. Cet ennemi de Notre-Dame de la Salette, se sentit transformé. Il cherche à se rendre compte de son état et de ses doutes antérieurs. Il comprit qu'il s'était trompé, et, immédiatement, il se mit en mesure de réparer ses erreurs. Il se confessa, il dit à un des missionnaires de la Salette combien il était heureux d'avoir accompli son pèlerinage. Il l'assura qu'il allait, lui aussi, devenir missionnaire de la Salette ; et, de retour à Marseille, il propagea ce culte avec un zèle qui surprenait toutes les personnes dont il était connu. Il eut le bonheur de convertir même une protestante ; et aujourd'hui, la Salette n'a pas de plus fervent défenseur. (*Journal de la Salette.*)

Troisième jour.

Premier sujet de plainte de Marie.

LE BLASPHÈME.

Marie se plaint de ce que le nom de son divin Fils est profané. Comment y serait-elle insensible, elle qui mesure la majesté de Dieu blasphémé, le néant de l'homme blasphémateur et le trésor de colère que ce crime amasse sur les sociétés.

Examinons si nous ne nous sommes jamais oubliés jusqu'à blasphémer, soit en murmurant contre la Providence, soit en souillant le plus saint des noms. N'avons-nous jamais donné lieu à aucun blasphème? Avons-nous toujours bien compris que le blasphème est un sacrilége, une impiété, une ingratitude, une folie, un fléau social, un péché diabolique et le plus grave des crimes ?

PRIÈRE.

O Mère! de la crainte de Dieu, je vous fais

amende honorable pour tous les blasphèmes qui, en outrageant votre cher Fils, ont rempli votre cœur d'amertume. Rendez à Dieu, par vos louanges, autant d'honneur que ce crime peut lui en avoir ravi. Je me déclare à vos pieds l'implacable ennemi du blasphème. J'éviterai tout ce qui pourrait y porter ceux qui m'entourent. Je le punirai sévèrement dans ceux qui me sont subordonnés. Je travaillerai par tous les moyens à l'extirper de la France, sur laquelle il a déjà attiré trop de malédictions.

Un miracle à Rennes.

En 1849, Marie-Françoise de Sales, religieuse de la visitation à Rennes, était affectée depuis plusieurs années d'une hypertrophie du cœur avec lésion des valvules. Une voussure énorme s'étendait depuis la clavicule jusqu'à la dernière côte ; le cœur semblait prêt à s'ouvrir un passage. Cent-dix nuits furent passées dans un fauteuil. Aucun moyen médical ne peut arrêter les progrès de cette terrible maladie. Un jour on s'apprêtait à recevoir son dernier soupir, lorsque instantanément elle demanda à boire ; ses jambes désenflèrent, la voussure disparut, le cœur se régularisa et elle ne conserva de cette horrible maladie que le souvenir. On venait de faire pour elle une neuvaine à la Salette.

(*Extrait du certificat des médecins.*)
(ÉCHO DE LA SAINTE-MONTAGNE.)

Quatrième jour.

Deuxième plainte de Marie.

LA PROFANATION DU DIMANCHE.

Dieu nous donne six jours pour le travail et réserve le septième à son culte. Est-il trop exigeant, lui à qui tous les temps appartiennent, qui ne nous doit pas même une heure ? Quelle ingrate malice, quelle mortelle insouciance, que de lui refuser son jour, de le violer par un travail avare, de le perdre par l'éloignement des saints offices, de le souiller par des divertissements coupables ou dangereux ! Par là, la foi s'éteint, l'humanité se dégrade comme une bête de somme, la société se dévoue à tous les malheurs.

Si nous aimons encore Dieu et notre patrie, arrêtons la colère du ciel en formant une sainte croisade, sous l'étendard de Marie, pour le rétablissement du jour du Seigneur.

PRIÈRE.

O protectrice de la France ! rendez-lui les temps heureux où le dimanche était dignement sanctifié. Je déplore d'avoir jusqu'ici été trop peu sensible à l'oubli de ce jour sacré. Je veux dès aujourd'hui m'employer à le faire respecter autour de moi et le passer moi-même dans l'exercice de la prière, des bonnes lectures et des saintes œuvres.

L'aveugle guérie.

En 1852, mademoiselle Marie Lauzur de Saint-Ceré (Lot) était atteinte d'une cécité complète avec douleur aiguë; après avoir employé sans succès toutes les ressources de l'art, elle fit une neuvaine à la Salette et se fit conduire à la sainte Montagne. Dans la chapelle, son mal redouble; elle demande la communion. A peine l'a-t-elle reçue, qu'elle tombe en extase. Quelques minutes après, elle revient à elle en s'écriant : Je vois, ô ma Mère, je vous vois ! à l'instant les soixante personnes réunies ont éclaté en sanglots et ont signé l'attestation de ce prodige.

(SYBILLAT, *Miss. de la Salette.*)

Cinquième jour.

Troisième plainte de Marie.

LA VIOLATION DES JOURS D'ABSTINENCE.

La sainte Église connaissant à la fois le besoin et l'horreur que nous avons de la pénitence, nous force à la pratiquer en nous privant de viande à des jours déterminés. Qui pourrait compter les désobéissances à ce précepte, commises par l'indifférence, le mépris de l'autorité, le respect humain ou une aveugle mignardise?

En vain l'Église diminue cette obligation à mesure que notre faiblesse augmente, *le vendredi on court à la boucherie comme des chiens,* selon l'énergique expression de Marie.

Aussi, Dieu qui se regarde comme méprisé, dans la personne de l'Église son épouse, nous menace par la bouche de sa Mère, de nous retirer sa protection et de nous traiter comme des païens.

Examinons si nous observons et faisons observer chez nous la loi du maigre, et faisons sur ce point toutes les réformes compatibles avec de réelles nécessités.

PRIÈRE.

O Reine de l'Église, vous ne pouvez être insensible à une violation aussi générale de ses sages lois. Obtenez-moi le courage de me montrer toujours fidèle catholique et de fermer l'oreille aux délicatesses excessives de ma chair. J'ai beaucoup péché, j'ai donc grand besoin de pénitence. Je veux au moins accepter celle que je n'aurais pas eu de moi-même la générosité de m'infliger.

Mademoiselle Portheault.

Céleste Portheault, d'Orléans, atteinte d'une affection mortelle au larynx, avait été abandonnée des médecins. On commence, à son intention, une neuvaine à la Salette. Elle buvait chaque jour de l'eau de la montagne. Au neuvième jour, sa sœur entr'ouvrit les rideaux de son lit, craignant de la trouver morte et osant à peine la regarder. O surprise ! la santé est revenue avec ses forces et ses couleurs, la moribonde parle, se lève, mange, est guérie.

(Rousselot.)

Sixième jour.

Quatrième plainte de Marie.

L'INDIFFÉRENCE ET L'INGRATITUDE DES HOMMES A SON ÉGARD.

La sainte Vierge à la Salette ne nous reproche pas seulement des fautes contre Dieu, mais elle déplore l'abus que nous faisons de ses propres bienfaits : *Je souffre depuis longtemps pour vous, qui n'en faites pas cas... Jamais vous ne pourrez récompenser la peine que j'ai prise pour vous.* Si nous savions, en effet, tout l'amour qu'elle nous porte toutes les faveurs qu'elle nous obtient, tous les malheurs qu'elle écarte de nous pendant que nous n'y pensons pas ! Combien de fois la justice divine nous aurait frappés, si Marie n'avait interposé son cœur de mère !

N'endurcissons pas plus longtemps nos cœurs, car la protection de Marie peut être à la fois le sujet et de notre plus douce espérance, et de notre plus sévère condamnation.

PRIÈRE.

O Mère de miséricorde ! jusqu'à ce jour j'ai bien mal reconnu votre assistance. Sans vous, je le reconnais, l'enfer serait depuis longtemps ma demeure. Je ne veux plus être sourd à votre appel, c'est assez fatiguer votre patience et irriter la justice de votre Fils. Je veux être désormais le plus fidèle et le plus reconnaissant de vos serviteurs.

La percluse de Bourges.

Une religieuse ursuline, du diocèse de Bourges, âgée de 28 ans, était percluse des deux jambes. Cette infirmité précoce ne fit que se compliquer et s'aggraver, malgré les plus sages traitements : après deux ans de soins inutiles, on fit pour elle une neuvaine en l'honneur de Notre-Dame de la Salette. Au dernier jour, aucun résultat n'était encore produit. Le lendemain, instantanément, elle se sentit libre de ses membres, descendit l'escalier, ce qu'elle fit plus de vingt fois dans la journée avec la plus grande agilité. Il ne lui restait qu'un peu d'enflure qui disparut sous une simple lotion faite avec l'eau de la Salette.

(*Rousselot.*)

Septième jour.

Menaces de Marie à la Salette.

Les menaces d'une mère sont les plus fortes preuves de son amour, parce qu'elles sont la dernière ressource et le suprême effort de son cœur. Marie menace comme une mère, en versant des larmes ; mais en nous montrant les malheurs qu'elle ne pourrait épargner à notre endurcissement, elle nous ouvre la porte par où il nous serait encore possible d'y échapper : « Si mon peuple NE VEUT PAS *se soumettre, je suis* FORCÉE *de laisser aller la main de mon Fils.*

Plusieurs des menaces de Marie se sont déjà réalisées, la maladie du raisin, des pommes de terre, le choléra, etc. Les autres sont réservées pour un avenir inconnu.

Dieu n'est pas pressé comme l'homme, parce que les siècles sont à lui. N'attendons pas au jour des grandes vengeances, pour ouvrir les yeux et nous convertir.

PRIÈRE.

O Mère de la crainte divine ! imprimez dans mes entrailles une salutaire frayeur des jugements de votre Fils. Faites-moi comprendre que la crainte est le commencement de la vraie sagesse. Que vos maternelles menaces me soient salutaires. Quel affreux malheur, si je me condamnais à vous avoir pour ennemie, vous, mon unique refuge et le gage le plus précieux de mon salut.

La médaille de la Salette.

M. l'archiprêtre de Grenoble raconte qu'en 1849, une enfant traversant la grand'route fut renversée par une voiture. La roue passe en travers de sa poitrine : « Ah ! ma fille... elle est tuée ! » s'écria la mère en tombant évanouie. Cependant, l'enfant se relève ; on la désababille; rien à la poitrine ! rien... sinon une médaille de la Salette, que sa pieuse mère lui faisait porter et qui avait été *froissée et doublée* sur son cœur.

(*Écho de la Sainte-Montagne*).

Huitième jour.

Promesses de la sainte Vierge.

S'ils se convertissent, dit Marie aux petits bergers, *la pierre, les rochers se changeront en blé; les pommes de terre se trouveront ensemencées* d'elles-mêmes. La bonté de Dieu et de sa douce Mère descend jusque à nos faiblesses. Nous voyant si peu sensibles aux désirs des biens invisibles et éternels, ils essaient de nous gagner au devoir par l'appât des récompenses matérielles. La vie des sociétés devant finir avec ce monde, il est nécessaire que les sociétés soient comme telles punies ou rémunérées par des fléaux ou des prospérités selon leurs œuvres.

Élevons plus haut nos désirs, et que cette aimable industrie qu'emploie Marie pour nous séduire excite notre générosité.

PRIÈRE.

O Mère de la sainte espérance ! vous connaissez bien notre faiblesse, et vous savez bien le chemin de notre cœur. Rendez-nous dignes des promesses que vous nous faites. Donnez-nous assez d'abondance pour venir en aide à nos frères, mais par-dessus tout, élevez nos cœurs au désir des trésors du ciel.

Le capitaine de vaisseau.

Un officier français, capitaine de vaisseau, aussi distingué par son esprit que par sa bravoure, dont il portait les glorieux insignes, avait gravi la sainte Montagne. Il ne voulait y rester qu'une heure ; l'heure s'envole, il revient à nous, disant : « Il s'est passé en moi quelque chose d'indéfinissable ; » et des larmes coulaient de ses yeux. Il pleurait, lui qui avait affronté la mort et qui avait contemplé vingt fois le naufrage d'un œil tranquille. « Permettez-moi, disait-il ; de rester ici deux jours, je veux y faire ce que je n'ai fait depuis vingt ans. » Et le lendemain, il recevait, dans la sainte Eucharistie, le Dieu des armées.

(Journal de la Salette).

Neuvième jour.

Faites passer ceci à tout mon peuple.

Telle fut la recommandation que Marie répéta plusieurs fois aux petits bergers, après son discours. Elle nous dit assez que sa visite s'adressait à nous tous. Cette mission d'apôtre de la Salette appartient aussi à tous. Marie nous répète : Faites passer ceci à mon peuple. Instruisons-nous donc tous solidement de ce grand événement. Rendons-nous capable de communiquer nos convictions à nos frères, de dissiper les nuages de leurs esprits, de combattre les objections intéressées des impies. Répandons de toutes nos forces la dévotion à la Salette, afin que les eaux réparatrices de cette source de miséricorde figurée par la source miraculeuse de la Montagne, se répandent en flots de conversions, sur toute notre bien-aimée France.

PRIÈRE.

Notre-Dame de la Salette, qui nous avez visités, par les entrailles de votre miséricorde ne permettez pas que cette dernière tentative de votre amour soit rendue vaine par l'esprit de ténèbres.

Multipliez les prodiges et par eux le nombre des croyants, et faites-nous entrer dans l'accomplissement de vos désirs. Ainsi soit-il.

L'orpheline de Muret.

En 1854, une orpheline nommée Gabrielle Dorbes, était fort malade à l'hospice de Muret ;

ses membres étaient tout racornis par la souffrance ; elle était comme un *peloton*. Le mal empirait toujours, l'agonie arriva. Cependant on faisait pour elle une neuvaine à Notre-Dame de la Salette ; pendant qu'elle frottait son bras paralysé avec l'eau miraculeuse, elle le sent guéri ; ses jambes s'allongent d'elles-mêmes ; elle était revenue à la vie et à une pleine santé.

(*Journal de la Salette*).

PRIÈRES

A

NOTRE-DAME DE LA SALETTE.

Prière à Notre-Dame de la Salette pour la conjurer d'apaiser la colère divine.

Notre-Dame de la Salette, Vierge très-sainte, qui êtes descendue sur une des plus hautes montagnes des Alpes pour faire connaître les menaces du Seigneur à votre peuple afin qu'il se convertisse, faites que, dociles à vos avis salutaires, nous mettions fin aux crimes qui irritent le Ciel et qui arment le bras de Dieu contre nous. Nous reconnaissons que nous n'avons que trop mérité les châtiments dont nous souffrons; mais nous sommes repentants. Le cœur contrit et humilié, nous venons donc, ô très-miséricordieuse Vierge, vous conjurer de prier votre divin Fils de relever son bras appesanti sur nous, d'éloigner de nous les fléaux de la guerre et du choléra, de la famine et de la mortalité des petits enfants, et de répandre ses bénédictions sur nos familles et sur nos récoltes. Alors, ô Marie, pénétrés d'une vive reconnaissance, nous exalterons sans cesse les miséricordes du Seigneur et nous publierons partout vos bienfaits.

Prière de saint Bernard sur le même sujet.

Reine du monde, nous élevons vers vous nos esprits, nos yeux et nos mains. Nous sommes à genoux et nous courbons la tête devant la grandeur de votre gloire.

O Souveraine des cieux, daignez jeter un regard de compassion sur vos très-humbles et très-indignes serviteurs encore retenus dans les misères de ce monde. Regardez-les de ces mêmes yeux avec lesquels vous contemplez, dans un ravissement toujours nouveau, l'incompréhensible gloire de l'éternelle vérité. Pauvres pécheurs, en présence d'un juge redoutable dont la main vengeresse est prête à nous frapper du glaive de sa colère, comment en éviterons-nous les coups, si personne ne détourne son bras irrité de dessus nos têtes ? Et qui peut l'en détourner, si ce n'est vous, ô Vierge très-aimable et très-aimée de Dieu ?...

Ouvrez-nous donc, ô Mère de miséricorde ! ouvrez-nous votre cœur si plein de tendresse pour les malheureux fils d'Adam. Nous venons à vous de toutes les extrémités de la terre, pour nous mettre à l'abri, sous votre puissante protection, de la colère du Seigneur. Que nos larmes et nos gémissements parlent pour nous, ô Marie ! et vous engagent à apaiser le Très-Haut que nous avons irrité par l'énormité de nos crimes ! que par votre crédit nous puissions, malgré nos ingratitudes, rentrer en grâce auprès de celui qui juge les justices mêmes. Ainsi soit-il.

Pour demander la conversion des pécheurs.

Auguste Mère de Dieu, miséricordieuse Mère des hommes, votre amour pour nous vous a fait descendre sur cette terre couverte de crimes. Vous y avez fait entendre vos plaintes, vos menaces et vos promesses maternelles. Mais combien de pécheurs ne se convertissent pas et restent toujours insensibles ! Bonne Mère ! ne cessez pas d'user de votre droit de toute-puissance suppliante sur le cœur adorable de votre divin Fils, soit pour retenir son bras si justement armé pour nous frapper, soit pour obtenir de sa miséricorde infinie des grâces de conversion pour tous les pécheurs et de sanctification pour les justes. Ainsi soit-il.

Pour demander la conversion des blasphémateurs.

Vierge sainte, Mère de mon Sauveur, vous chantiez autrefois dans ce beau cantique que l'Église répète tous les jours : *Que le nom de Dieu est saint.* Ce nom adorable est aujourd'hui en butte aux plus affreuses profanations. Des bouches criminelles vomissent sans cesse mille horreurs contre lui... C'est pour la gloire de Dieu et le salut des âmes, c'est pour obtenir par votre entremise la conversion de ces malheureux blasphémateurs, ô ma tendre Mère, que je me prosterne devant vous; je vous recommande, ô Vierge des vierges, ces misérables pécheurs; daignez présenter mes vœux et mes larmes à votre divin Fils... Retenez, ô Notre-Dame de la Salette, le bras vengeur de Dieu prêt à frapper le monde à cause de ses blasphèmes; que par vos prières incessantes, ô Marie, cette abomination soit bannie d'entre nous, et qu'au lieu d'outrages à la divine Majesté, on n'entende plus partout que ces paroles : « *Le nom de Dieu est saint,* » .Ainsi soit-il.

Prière d'un pécheur à Notre-Dame de la Salette pour demander sa propre conversion.

J'élève mes yeux vers vous, ô souveraine des anges et des hommes, mère tendre et compatissante des pauvres pécheurs, et je me réjouis de l'amour que vous leur portez et qui vous a décidée à quitter le ciel pour venir laver de vos larmes cette terre souillée par tant de crimes. Vous ne vous êtes pas contentée de nous apparaître plongée dans la plus amère douleur et versant des larmes pour nous, vous avez voulu nous donner les plus graves avertissements :

larmes, promesses, menaces, vous employez toutes les ressources de l'amour maternel pour engager vos enfants à quitter le chemin du vice et à reprendre celui de la vertu. Mère toujours bonne, puisque vous chérissez si tendrement le pécheur, que vous le poursuivez, alors même qu'il s'abandonne aux plus grands désordres, j'ai la douce confiance que vous ne me rejetterez pas maintenant que je reviens à vous, que je veux toujours vous aimer et vous plaire. C'est la grâce que je vous conjure de m'accorder par Jésus-Christ votre divin Fils et notre Seigneur. Ainsi soit-il.

Prière d'un malade à Notre-Dame de la Salette pour demander sa guérison.

Notre-Dame de la Salette, Mère très-compatissante, c'est à juste titre que l'univers chrétien vous révère comme la *guérison des malades* et que l'Église vous appelle la *santé des infirmes*. A l'exemple de Jésus, vous rendez l'ouïe aux sourds, la vue aux aveugles, le mouvement aux paralytiques, vous guérissez toute espèce de langueur. De toutes les parties du monde je vois arriver à votre sanctuaire une foule de malades qui, après vous avoir invoquée dans les lieux sanctifiés par votre présence et avoir lavé leurs plaies dans la source d'eau pure qui a jailli sous vos pieds, recouvrent à l'instant même la santé du corps et presque toujours celle de l'âme, et s'en retournent bénissant votre saint nom et exaltant partout votre puissance. J'en vois d'autres qui, le cœur ému de reconnaissance, viennent vous adresser d'humbles actions de grâces pour les admirables bienfaits que vous leur avez obtenus. O Mère pleine de tendresse, sera-t-il dit que moi seul entre tous j'aurai eu recours à vous sans avoir été exaucé? Voyez le pitoyable état dans lequel je me trouve, et que vos entrailles maternelles s'émeuvent en faveur de votre malheureux enfant. Je sais, Vierge très-sainte, que je suis indigne de vos faveurs, puisque j'ai souvent outragé votre divin Fils; mais je mets toute ma confiance en votre miséricorde. Si j'ose vous supplier de m'obtenir la santé, je ne vous la demande qu'autant qu'elle puisse être utile à la gloire de Dieu et au salut de mon âme. Entièrement résigné à la volonté divine, je suis prêt à souffrir davantage si tel est le bon plaisir de votre cher Fils; mais alors, ô tendre Mère, daignez m'obtenir la grâce d'endurer avec joie toutes les peines qu'il plaira au Seigneur de m'envoyer. Ainsi soit-il.

Prière à Notre-Dame de la Salette pour un enfant malade.

Notre-Dame de la Salette, ma tendre Mère, vous qui êtes toute-puissante auprès de Dieu et toute miséricordieuse envers les hommes, daignez jeter un regard de compassion sur mon pauvre enfant qui vous implore dans sa détresse. Voyez le danger où je suis de perdre ce que je possède de plus cher au monde ; soyez sensible, je vous en conjure, au malheur qui me menace. O vous qui avez pleuré à la Salette pour nous et qui, sur le Calvaire, avez eu le cœur navré de douleur en voyant expirer votre cher Fils, ne m'abandonnez pas en ce moment que j'ai tout particulièrement recours à vous ; priez le Seigneur de rendre la santé à celui qui vous révère et vous aime comme sa mère et qui a mis en vous toute sa confiance. Je vous en conjure par le glaive de douleur qui a transpercé votre âme à la vue de Jésus, votre Fils, mourant sur la croix pour nous. Ainsi soit-il.

Prière à notre-Dame de la Salette pour une mère malade.

Notre-Dame de la Salette, Vierge sainte, ma tendre Mère, daignez vous souvenir de celle qui m'a donné le jour. Voyez le péril extrême dans lequel l'ont plongée ses souffrances, et, touchée de compassion à la vue de l'état malheureux où nous réduirait sa mort, daignez la guérir, ô vous que l'Église appelle la *guérison des malades* et la *consolatrice des affligés*. Montrez-nous que vous êtes toute-puissante auprès de votre Fils, et daignez exaucer la demande d'un enfant qui vous chérit comme sa mère et qui veut toujours vous plaire ; je vous en conjure par les mérites de Jésus-Christ notre seigneur. Ainsi soit-il.

Prière à Notre-Dame de la Salette pour demander la conversion d'une personne qui nous est chère.

Reine du ciel et de la terre, l'amour que vous portez aux pécheurs vous excite à demander avec instance miséricorde pour eux, et sans cesse vous faites éclater votre puissance sur le cœur adorable de Jésus en ramenant dans la bonne voie les âmes les plus égarées. Naguère encore, touchée de compassion pour vos malheureux enfants, vous êtes venue à nous, en descendant à la Salette, et votre Apparition a été suivie immédiatement de la conversion des habitants de l'heureuse contrée favorisée de votre visite. Depuis cet événement à jamais mémorable, que de pécheurs, ô très-miséricordieuse Vierge! se sont vus tout à coup transformés en fervents chrétiens, soit en se rendant sur la montagne sanctifiée par votre présence, soit en faisant usage de l'eau de la source miraculeuse qui a jailli sous vos pieds! Témoin de ces prodiges, notre siècle vous proclame la *Réconciliatrice des pécheurs*, et sous ce titre il vous invoque avec une entière confiance. Pénétré du même sentiment, je viens, ô Marie, recommander à votre sollicitude maternelle une pauvre âme égarée qui m'est chère. Daignez, ô la plus tendre des mères, prendre cet enfant prodigue sous votre protection, et lui obtenir, comme vous l'avez obtenue à tant d'autres, la grâce d'une sincère conversion. Par Jésus-Christ notre Seigneur. Ainsi soit-il.

Prière pour remercier Notre-Dame de la Salette d'une conversion due à son intercession.

Notre-Dame de la Salette, divine Marie, je me prosterne avec amour à vos pieds pour vous rendre grâce de l'insigne faveur que vous m'avez faite, en m'obtenant la conversion d'une personne qui m'est chère à tant de titres. Vous avez comblé mes vœux en changeant ce cœur rebelle; et, en le tournant à la pénitence, vous l'avez retiré de l'abîme de l'enfer. Votre miséricorde, ô Marie, excite ma confiance, et j'ose attendre de votre bonté de nouvelles grâces. J'espère donc, ô tendre Mère, que vous achèverez ce que vous avez si bien commencé, et que cette âme, convertie par votre intercession, sera désormais l'objet de vos plus doux regards. Pour moi, pénétré de reconnaissance, jusqu'à mon dernier soupir je publierai vos bienfaits, votre amour pour vos enfants, ô Notre-Dame de la Salette!

Prière à Notre-Dame de la Salette pour la remercier d'une guérison obtenue par son intercession.

O Notre-Dame de la Salette, je vous bénis! J'étais brisé par la souffrance, et vous êtes venue, comme un céleste médecin, verser le baume sur toutes mes plaies; vous m'avez obtenu la grâce de ma guérison. Je vous bénis, cette guérison me comble de joie et répand dans mon cœur des consolations inénarrables. Je vous bénis, ô divine et tendre Mère, car en guérissant mon corps, vous avez touché, éclairé, fortifié mon âme. Daignez accepter avec l'expression de mon éternelle gratitude l'hommage de mon dévouement filial. Désormais je publierai partout les merveilles de votre amour, et je redirai à votre peuple les paroles de salut que vous êtes venue apporter pour nous faire rentrer dans la voie de votre Fils adorable.

INVOCATION.

Notre-Dame de la Salette, Réconciliatrice des pécheurs, priez sans cesse pour nous, qui avons recours à vous.

AUTRE INVOCATION.

Notre-Dame de la Salette, ne cessez de soutenir le bras de votre Fils et de prier Dieu pour nous.

EXERCICE

POUR LA CONFESSION ORDINAIRE.

Demandez à Dieu, par l'entremise de Notre-Dame de la Salette, la grâce d'une sincère conversion. A cet effet, récitez la prière suivante.

Prière à Notre-Dame de la Salette.

Notre-Dame de la Salette, Vierge clémente, vous voyez à vos pieds un misérable pécheur. Oh ! qu'elle est lourde la chaîne de mes iniquités ! Qu'il est dur l'esclavage de mes honteuses passions ! Malheureux que je suis ! Accablé du poids de mes crimes, c'est à peine si j'ose lever les yeux vers le ciel ! Je sais que j'ai outragé la majesté du souverain juge par mes innombrables péchés, et, pénétré d'une crainte mortelle, je serais tenté de me livrer au désespoir, si je ne savais, ô Marie, que vous êtes l'avocate et le refuge des pauvres pêcheurs. Pourrais-je douter de vos bontés envers eux quand je considère votre miséricordieuse Apparition à la Salette? Menaces, promesses, plaintes, larmes, vous mettez tout en œuvre pour vaincre notre endurcissement. Votre cœur, ô Mère de miséricorde, pourrait-il être insensible à ma prière, en présence du crucifix et des instruments de la passion que vous portez sur la poitrine? Je vois accourir à votre sanctuaire, versant des larmes de repentir, et confessant leurs fautes, des pécheurs comme moi, qui obtiennent aussitôt leur pardon et qui redescendent de votre montagne, le cœur inondé de consolations célestes. Serai-je le seul, ô Notre-Dame de la Salette, qui vous ait priée sans avoir ressenti les effets de votre miséricorde ! Sera-t-il vrai de dire qu'on vous ait jamais invoquée en vain ! Étant la mère du juge et du coupable, vous seule pouvez me réconcilier avec Dieu, ô vous que notre siècle appelle avec amour la

Réconciliatrice des pécheurs ! C'est la grâce qu'implore avec instance le plus indigne de vos enfants, par Jésus-Christ votre Fils et notre Seigneur.

Invoquer les lumières du Saint-Esprit afin d'obtenir la grâce de faire une bonne confession.

Prière au Saint-Esprit.

Esprit-Saint, lumière éternelle, amour infini, je vous supplie de me faire voir le nombre et la qualité de mes péchés, avec leurs désordres et leurs suites funestes. Enflammez mon cœur d'un si fervent amour, que j'aie souverainement en horreur tout ce qui peut déplaire à la majesté suprême de mon Dieu, et que je prenne la résolution efficace d'abandonner le péché et de vivre selon les maximes de la justice chrétienne. Faites-moi vaincre cette honte criminelle qui pourrait m'empêcher de bien découvrir les plaies de mon âme à votre ministre. Donnez-moi la grâce de recevoir volontiers ses réprimandes, de suivre exactement ses avis, d'accomplir la pénitence qu'il m'imposera, d'employer avec docilité et ponctualité les moyens qu'il me suggérera pour vivre saintement. Ainsi soit-il.

Avant de procéder à l'examen de votre conscience, dites la prière suivante.

Prière pour demander à Dieu de connaître ses péchés.

Que je vous connaisse, Seigneur, et que je me connaisse moi-même ! C'était la prière que vous adressait un de vos plus grands saints. Si je vous connais, je vous aimerai, et si je me connais, je ne verrai en moi que fautes, misère et corruption. Personne ne comprend parfaitement ses fautes. Vous seul, Seigneur, voyez distinctement la grandeur et le nombre de nos prévarications, parce que seul vous scrutez les abîmes et sondez les profondeurs du cœur de l'homme. Portez la lumière dans ce malheureux cœur, si obscurci par les ténèbres du péché. Envoyez votre divin Esprit pour m'aider dans la pénible recherche de mes iniquités. Que je puisse, avec son secours, en découvrir le nombre, en voir l'énormité et les détester comme je le dois. Je vous demande cette grâce par Jésus-Christ notre Seigneur, qui vit et règne dans les siècles des siècles.

Examinez votre conscience sur les commandements de Dieu et sur ceux de l'Église, sur les péchés capitaux, sur les neuf manières de coopérer aux péchés d'autrui, sur les devoirs de votre état. Après cet examen, excitez-vous à la confiance en Dieu. A cette fin, dites la prière suivante, comme si vous étiez sur le point de mourir.

Prière après l'examen.

Je suis, ô mon Dieu, le plus malheureux de vos enfants. J'ai péché contre le ciel et contre vous. Je ne suis pas digne de porter le nom de votre fils, ni même d'être compté au nombre de vos serviteurs. Un fils honore son père, un serviteur son maître, et je vous ai déshonoré, autant qu'il était en moi. Vous m'avez nourri et élevé comme votre enfant, et je n'ai eu pour vous que du mépris. Malheur à moi, pécheur chargé d'iniquités ! Ah ! si je devais faire un si triste usage de la vie, pourquoi ai-je été mis au monde ? Que ne suis-je plutôt mort, après avoir été régénéré dans les eaux salutaires du baptême ! Pourquoi ma mère m'a-t-elle nourri de son lait et réchauffé sur son sein ? Mon corps serait maintenant dans le sommeil de la mort, et mon âme se reposerait en vous, ô mon Dieu. Ma vie ne serait pas un enchaînement continuel de douleurs, et mes années ne s'écouleraient pas ainsi dans les gémissements et les larmes. Hélas, Seigneur, quoique mes iniquités aient élevé entre vous et moi un mur de division, votre bras n'est pas raccourci pour que vous ne puissiez me sauver ; votre oreille n'est pas endurcie pour vous empêcher d'entendre ma prière. Vous ne mépriserez pas les soupirs et les cris d'une brebis perdue et écartée du troupeau, d'un prodigue qui a malheureusement foulé aux pieds et dissipé tous les biens dont vous l'aviez comblé. Ayez pitié de moi, Seigneur, selon la multitude de vos miséricordes. Daignez effacer mon iniquité. Lavez-en mon âme et purifiez-moi de tout péché; car si vous-même ne me lavez, je sais que je n'aurai point de part avec vous. Agneau de Dieu, qui effacez les péchés du monde, effacez les miens. Souvenez-vous de moi, et ne tirez pas vengeance de mes fautes. Si vous voulez, vous pouvez me guérir. Ceux qui sont en santé n'ont pas besoin de médecin, mais ceux qui sont malades. Vous n'êtes pas venu pour appeler les justes, mais les pécheurs : ayez donc pitié de moi, qui suis un des plus coupables. C'est à cause de cette bonté infinie qu'on vante en vous, ô mon Dieu, que je viens me prosterner à vos pieds. J'entends dire que vous ne rejetez pas les prières du pauvre, que vous n'avez horreur ni des publicains ni des pécheurs. Effectivement, vous n'avez pas méprisé le larron qui implorait son pardon, ni les larmes de la pécheresse, ni les prières de la chananéenne, ni le publicain qui vous conjurait de lui être propice, ni votre disciple qui vous avait renié. Animé par l'espoir d'obtenir aussi mon pardon, à la suite de tant de pécheurs, je suis resolu de tout faire pour fléchir votre juste courroux allumé contre moi. Mais j'ai espéré en vous, et je ne serai jamais confondu.

La contrition étant absolument nécessaire pour obtenir le pardon de ses péchés, il faut s'y exciter avec soin ; mais comme elle est un don de Dieu, il faut commencer par la lui demander avec instance.

Prière pour demander à Dieu la contrition.

C'est de vous, ô mon Dieu, que la contrition doit descendre dans mon cœur : il m'est impossible de me la procurer par mes seules forces. Un si beau fruit ne peut naître dans un fond aussi corrompu que le mien si vous ne l'arrosez de votre grâce. Je ne vous demande point, Seigneur, les richesses, les honneurs, les consolations du monde, mais les larmes, les soupirs, les gémissements de la pénitence.

Brisez la dureté de mon cœur par le souffle de votre Esprit, et faites-en sortir des larmes de componction. Accordez-moi la faveur d'être pénétré d'une douleur surnaturelle, souveraine, universelle de mes péchés et d'un propos ferme et efficace de n'y plus retomber.

Après avoir demandé à Dieu la grâce d'une sincère contrition, faites en sorte de l'exciter en vous, et pour mieux y réussir, pénétrez-vous des sentiments exprimés dans les motifs suivants.

Motifs de contrition.

J'ai péché et en péchant qu'ai-je fait ? — J'ai outragé le plus généreux, le plus libéral de tous les bienfaiteurs ; j'ai outragé mon Créateur, j'ai percé le cœur de mon Père !... Je me suis révolté contre la majesté de Dieu, j'ai méprisé son souverain pouvoir, j'ai insulté sa grandeur, j'ai bravé sa puissance, sa justice !..

J'ai péché, et en péchant j'ai perdu la grâce de Dieu qui faisait toute la beauté de mon âme, et cette âme est maintenant un objet d'horreur aux yeux de Dieu et des anges, privée non-seulement de tous les mérites de ses bonnes œuvres, mais encore de la puissance de mériter !...

J'ai péché, et en péchant j'ai perdu l'amitié de Dieu; mon âme a cessé d'être l'épouse de Jésus-Christ, le temple de Dieu, le sanctuaire du Saint-Esprit ; elle est devenue l'esclave du démon, l'objet de toutes les malédictions divines !

J'ai péché, et en péchant je me suis rendu coupable de la plus noire ingratitude envers Dieu. C'est en abusant de ses dons que je l'ai outragé?... C'est pour une bagatelle, un vil intérêt, la satisfaction d'une passion honteuse que je l'ai offensé!,.. Il m'a créé, conservé, nourri, racheté, mis au nombre de ses enfants, éclairé des lumières de son Évangile, fait membre de son Église, et, malgré tous ces bienfaits et une infinité d'autres, j'ai pu l'abandonner ! Ciel ! soyez dans l'étonnement à la vue de tant d'ingratitude !...

J'ai péché, et en péchant j'ai mérité l'enfer avec tous ses tourments, j'ai perdu le ciel avec toutes ses délices !...

J'ai péché, et en péchant qu'ai-je fait ?... O mon Père ! O mon Dieu ! ne pouvant vous donner la mort à vous-même, je l'ai donnée à votre divin Fils... Oui, c'est moi, ô mon Jésus, qui vous ai attaché à la croix ! C'est moi qui vous ai couvert d'opprobres ! Ah ! quels accablants reproches me fait ma conscience ! Elle me dit que vos humiliations et votre mort sont mon ouvrage. Oui, c'est la délicatesse et la sensualité de mon goût qui vous ont abreuvé de fiel et de vinaigre ! C'est l'amour démesuré de ma chair et des plaisirs du corps qui a déchiré le vôtre et l'a changé en une plaie universelle ! C'est l'orgueil de mon esprit, cet orgueil l'un de vos plus cruels ennemis, cette source de tant de crimes et d'abominations, qui a couronné d'épines votre tête sacrée !... Ce sont les péchés de mes pieds et de mes mains qui ont attaché les vôtres à la croix !

C'est la dépravation de mon cœur, ô Jésus, qui a percé le vôtre !... Il est donc vrai, ô mon Dieu, que j'ai livré à la mort celui que vous m'aviez donné pour Sauveur !... Après cela que puis-je attendre ?.... Laisserez-vous impunie la mort de votre Fils bien-aimé ?... Mais en mourant, ce Fils, l'éternel objet de vos infinies complaisances, a demandé grâce pour moi ; sa dernière parole a été un cri de miséricorde ; je puis donc la réclamer cette miséricorde ; je puis donc espérer mon pardon... O Jésus ! que votre bonté me touche et me pénètre !... Vous demandez grâce pour moi !... Vous demandez grâce pour un malheureux pécheur !... Vous versez votre sang pour me donner la vie !... O mon Jésus, pourrai-je encore vivre pour vous donner la mort ?

Non ! mon Dieu ! non ! je sens que votre grâce opère dans mon cœur... Il est changé ce cœur... Il veut vous aimer... Il vous aime, mais augmentez ma douleur et mon amour. Ah !

que ma contrition n'est-elle aussi grande, aussi immense, aussi infinie que la malice de mes péchés!... Et, puisqu'ils vous ont ôté la vie sur la croix, que ne puis-je, au pied de cette même croix, expirer de douleur, d'amour et de confusion! Si votre justice irritée me refuse cette faveur, que vous avez accordée à plusieurs pénitents, au moins, avec le secours de votre grâce, dont je sens les vives impressions sur mon cœur, je ne veux plus vivre que pour être, à votre exemple, un homme de douleur. Mes yeux mêleront tous les jours leurs larmes aux vôtres; mon corps portera toujours votre mortification, afin que votre vie paraisse à son tour sur ma chair; mes pieds et mes mains cloués par obéissance à votre sainte loi n'auront plus de mouvement que pour les exercices de la pénitence et pour les intérêts de votre gloire; et si, pour la rémission de mes péchés, vous voulez du sang, je suis prêt à verser le mien par les mains de ceux qu'il vous plaira d'employer comme les instruments de votre vengeance : je suis votre victime, coupez, taillez, brûlez ; ne m'épargnez pas dans ce monde, pourvu que vous m'épargniez dans l'autre.

Étant pénétré d'une vive douleur de vos péchés, et les ayant mis dans l'ordre que vous voulez les confesser, approchez-vous humblement du confessionnal, et considérant dans le prêtre la personne même de Jésus-Christ, ouvrez-lui entièrement les plaies de votre âme déclarez-lui tous vos péchés au moins les mortels ; car si vous en cachiez un seul par votre faute, votre confession serait nulle et sacrilége. Ayant fait l'aveu sincère de vos fautes, écoutez attentivement ce que le prêtre vous dira ; acceptez avec soumission la pénitence qui vous sera imposée et que vous accomplirez le plus tôt possible. Pendant que le confesseur prononcera les paroles de l'absolution, renouvelez votre acte de contrition. Étant sorti du tribunal de la pénitence, dites la prière suivante.

Prière après la confession.

Grâces immortelles vous soient rendues, ô mon Dieu, pour la bonté avec laquelle vous avez daigné me recevoir à pénitence. Ah !

vous ne m'avez pas traité selon mes iniquités, car autant le ciel est élevé au-dessus de la terre, autant votre miséricorde s'élève et s'affermit au-dessus de moi. Autant l'orient est éloigné du couchant, autant vous avez éloigné de moi mes péchés, que vous avez jetés comme au fond de la mer pour ne plus les voir et ne plus vous en souvenir. Qu'ai-je fait, ô mon Dieu ! pour obtenir ce pardon, de préférence à tant d'autres, dont beaucoup sont moins coupables que moi, et qui cependant éprouvent déjà les funestes effets de votre colère dans les flammes éternelles ? Combien en est-il encore qui vivent et qui peut-être n'auront jamais l'avantage de recevoir le pardon que vous venez de me donner ! Si la confusion ne couvrait pas mon visage, je prendrais, Seigneur, la liberté de vous prier pour eux, afin qu'ils puissent partager avec moi les fruits de votre rédemption et ne pas périr éternellement.

Quant à moi, Seigneur, je vais enfin commencer tout de bon, et ce changement sera l'œuvre de votre main ; je vois que les jours succèdent aux jours, que des années nouvelles prennent la place d'autres années, sans que j'avance en rien. C'est une vraie folie d'abuser ainsi des moments qui me sont donnés et qui s'écoulent avec une rapidité si grande ! Car enfin ma vie est comme une vapeur qui se dissipe. Je ressemble à une herbe qui se dessèche et à une fleur qui éclot le matin et qui le soir est déjà fanée. Le petit nombre de jours que j'ai à vivre ici-bas sera-t-il bientôt rempli ? C'est ce que j'ignore. J'ai tant à craindre que vous ne veniez me surprendre comme un voleur, et que, pendant la nuit, ou au chant du coq, je ne sois forcé de me présenter à votre tribunal pour être jugé. C'en est donc fait : par amour pour vous et pour éviter les malheurs qui seraient la suite de mon imprudence, je ne veux plus perdre mon temps à la recherche des choses vaines et futiles. Je vous chercherai, ô mon Dieu, tous les jours de ma vie, et j'espère que vous vous laisserez trouver. Je vais vous dédommager de tous les outrages, de toutes les insolences dont je me suis rendu coupable envers vous, en méprisant votre loi. Je tâcherai de devenir un enfant fidèle et soumis pour pouvoir arriver au bonheur du ciel que vous nous avez destiné. Vierge sainte, et vous, mon ange, chargé par mon Dieu de me garder et de me porter en quelque sorte dans vos mains ; saints et sainte de la cour céleste, obtenez moi de suivre mes résolutions sans m'en écarter jamais. Ainsi soit-il.

Notre-Dame de la Salette, Réconciliatrice des pécheurs, priez sans cesse pour nous qui avons recours à vous.

EXERCICE

POUR LA CONFESSION DE DÉVOTION.

La confession de *dévotion*, dit le R. P. Boone, est

celle qu'on fait des péchés qui ne sont que véniels et dans lesquels les justes mêmes tombent de temps en temps. On appelle cette confession de *dévotion*, parce qu'il n'y a aucun précepte qui oblige à se confesser des péchés véniels.

Cette confession convient particulièrement aux prêtres, aux religieux, aux religieuses et à toutes les personnes qui aspirent à la perfection chrétienne, veulent acquérir une grande pureté de cœur, et recevoir avec plus de fruit le sacrement de l'Eucharistie.

Comme ce *Manuel* est surtout destiné aux âmes pieuses, il nous a paru nécessaire de composer pour elles un exercice qui les aidât à se bien confesser des fautes légères que la fragilité humaine leur fait parfois commettre. Cet exercice leur sera d'autant plus utile, que ceux qu'on rencontre dans la plupart des livres de piété ne sont pas faits pour elles, puisqu'ils s'adressent presque toujours à des pénitents qui veulent sortir de l'état de péché mortel.

Pour se bien confesser, il faut se retirer dans un endroit où l'on puisse être recueilli, soit dans une église, soit dans un oratoire; et là, dans un esprit de foi, penser à la grande action que l'on va faire, se représenter que c'est peut-être la dernière confession de sa vie, et s'y disposer comme une personne qui est près de paraître au tribunal du souverain Juge ; se mettre en la présence du Dieu et lui demander la grâce de bien faire son examen, et les lumières pour bien connaître ses péchés. Pour cela récitez les actes suivants.

Acte d'Adoration.

O suprême et adorable Majesté, je crois fermement que vous êtes ici présente, que vous me voyez et que vous m'écoutez; je vous adore, je vous rends mes humbles hommages et je vous reconnais pour mon Dieu, mon Créateur et mon souverain Rédempteur, pour celui qui est par excellence, et qui étant la véritable vie ne peut pas ne pas être : en témoignage de cette foi vive, je vous rends les adorations qui ne sont dues qu'à vous seul, et, m'humiliant profondément, je me prosterne à genoux devant le trône de votre divine Majesté.

Acte de Demande.

Éclairez mon esprit, ô mon Dieu, afin qu'il connaisse la multitude des fautes vénielles dont je suis coupable et qui font une si grande injure à votre infinie sainteté. Touchez si vivement mon cœur qu'il efface le passé par votre contrition sincère, et qu'il sanctifie l'avenir en ne commettant plus le moindre péché de propos délibéré.

Et vous, ô Marie, Vierge immaculée, qui seule entre tous les enfants d'Adam avez le glorieux privilége de n'avoir jamais commis la faute la plus légère, daignez m'assister dans l'œuvre sainte que je vais entreprendre pour me purifier des souillures que la fragilité humaine m'a fait contracter depuis ma dernière confession.

Prière pour l'examen.

Esprit-Saint, source de lumière, daignez dissiper les ténèbres qui m'aveuglent ; éclairez mon esprit afin que je connaisse toutes mes fautes, comme je les connaîtrai au jour où je paraîtrai au tribunal du souverain juge ; touchez mon cœur afin que je les déteste et les aie en horreur, comme je les détesterai et les aurai en horreur dans ce jour qui sera si redoutable pour l'âme innocente elle-même. Peut-être que ce jour n'est pas éloigné pour moi ! Peut-être que cette confession sera la dernière de ma vie ! O mon Dieu ! faites qu'elle me réconcilie parfaitement avec vous.

AVERTISSEMENT.

Ici on fait son examen ; mais cet examen ne doit être ni long ni scrupuleux. Il faut le faire avec tranquillité d'esprit, sans empressement, sans inquiétude, car la confession est établie pour donner la paix à nos consciences et non pour les troubler. Ainsi, sans scrupule et sans embarras, employez le temps marqué pour l'examen à considérer les cinq ou six articles suivants :

1º Les fautes qui se sont faites volontairement et de propos délibéré ;

2º Celles qui sont relatives à certains points qu'on nous a souvent recommandés, ou sur lesquelles la grâce a coutume de nous faire le plus de reproches ;

3º Celles qui ont pu causer quelque sorte de scandale ou de peine au prochain ;

4º Celles qui (eu égard à notre vie passée) pourraient nous faire redevenir, quelque jour, ce que nous avons été ;

5º Celles qui viennent d'une intétermination positive à donner à Dieu ce qu'il demande de nous dans notre état;

6º Enfin celles qui, n'étant pas considérables en elles-mêmes, indiquent néanmoins quelque grande et dangereuse passion dont elles sont des restes et des suites.

Quant aux autres, il faut les abandonner à la miséricorde de Dieu, les déclarer en termes généraux qui les renferment toutes (1).

Après l'examen, il faut s'exciter à la contrition par les considérations suivantes.

PREMIÈRE CONSIDÉRATION.

Malice du péché véniel.

Le péché véniel est, après le péché mortel, le plus grand de tous les maux qui puissent nous arriver ici-bas. C'est un plus grand mal pour nous que de nous voir livrés à toutes les maladies, à toutes les douleurs, à toutes les épreuves ; en sorte que pour nous épargner

(1) *Instruction pour la confession de dévotion*, par le R. P. Boone.

tous ces maux on ne pourrait commettre le péché le plus léger. « Le péché véniel, dit le P. Nepveu, est une offense de Dieu aussi bien que le péché mortel, mais moindre ; ce qui convient au péché mortel lui convient aussi, mais d'une autre manière ; et de là il s'ensuit que, si le péché mortel est un mépris de Dieu, le péché véniel est un défaut de respect envers lui ; si le péché mortel est une haine de cette bonté infinie, le péché véniel est une indifférence pour elle ; si l'un est une rébellion contre le souverain maître, l'autre est un défaut de soumission ; si l'un est une préférence de la créature au Créateur, l'autre est une complaisance pour la créature aux dépens de celle qu'on doit au Créateur ; si l'un est une perte de la charité, l'autre est un refroidissement de la charité qui dispose à la perte ; si l'un est une infraction, l'autre est une négligence de la loi ; si l'un est un égarement de la fin dernière, l'autre est un détour qui conduit souvent à l'égarement. »

IIe CONSIDÉRATION.

Mal que le péché véniel cause à notre âme.

Considérez les suites funestes du péché véniel par rapport à votre âme. Il la souille, il la couvre de taches qui la défigurent, il en affaiblit, il en paralyse toute la vigueur spirituelle, il y éteint peu à peu la lumière de la foi, et l'environne de tant de ténèbres qu'on ne voit plus les lumières qu'à travers un nuage qui s'épaissit chaque jour. Il inspire un dégoût sans cesse croissant pour les choses du salut, surtout pour les sacrements ; comme un ver rongeur, il attaque les bonnes œuvres et gâte tous les fruits de la vertu. Est-ce tout ? Non, les ravages vont plus loin. Que dire d'un homme qui prendrait tous les jours quelques gouttes d'une liqueur agréable mais malfaisante ? Ah ! l'insensé ! vous écrieriez-vous. Mais le sommes-nous moins lorsque nous prenons l'habitude d'un péché qui peut et qui doit même causer notre perte ? L'oracle est formel et il devrait nous faire trembler : qui est infidèle dans les petites choses, le sera aussi dans les grandes : *Qui in modico iniquus est et in majori iniquus est* (1)... Si vous ne craignez pas le péché véniel volontaire, craignez du moins le terme fatal où il conduit presqu'inévitablement : la mort de l'âme, la réprobation, l'enfer (2).

IIIe CONSIDÉRATION.

Châtiments que Dieu inflige au péché véniel.

Rien ne prouve mieux la malice du péché véniel que la rigueur avec laquelle Dieu le punit. Les Bethsamites frappés de mort pour s'être permis un regard de curiosité sur l'arche d'alliance ; Moïse, l'ami de Dieu, pour une légère défiance exclu de la terre promise ; le

---

(1) Luc. xvi, 10.
(2) L. Debussi, *Nouveau Mois de Marie*, p. 137.

royaume de Juda désolé par une peste cruelle pour une vanité de David; Oza, frappé de mort pour avoir porté la main sur l'arche sainte; quarante-deux enfants punis de mort pour une raillerie contre un prophète; un israélite lapidé, par ordre du Seigneur pour avoir ramassé un peu de bois sec le jour du sabbat; le roi Ozias puni de la lèpre pour avoir touché à l'encensoir; mille autres châtiments soudains et terribles : tels sont les monuments de la vengeance divine sur un péché qui nous semble si peu de chose. Et cependant tous ces châtiments ne sont rien en comparaison des flammes du purgatoire, où il faudra expier le péché véniel si l'on n'en fait pénitence en cette vie.

Acte de Contrition.

I. Prosterné en esprit devant vous, ô mon Dieu, pénétré de douleur et de confusion à la vue des péchés que j'ai commis en votre présence et contre l'inspiration de votre Esprit-Saint, je vous en demande très-humblement pardon; je les déteste, ces péchés et ces infidélités, parce qu'ils offensent votre majesté souveraine, et qu'ils outragent votre bonté infinie, parce qu'ils sont opposés à votre sainte volonté, qu'ils blessent votre cœur et qu'ils méprisent votre amour, et parce qu'ils allument votre colère et qu'ils animent contre moi toutes vos divines perfections. Je suis sincèrement résolu de m'en corriger, d'en éviter l'occasion à cause de l'amour et du respect que je vous dois.

II. Détournez vos yeux, Seigneur, de mes iniquités, et, ne vous ressouvenant que de vos miséricordes, daignez effacer mes péchés de votre esprit et de mon cœur. Brisez ce cœur lâche, mondain, criminel, infidèle, qui préfère si souvent un faux plaisir, une sotte vanité, une recherche de lui-même à ce qu'il doit à son Dieu; brisez-le d'une vive douleur de ces injustes préférences; mais pour vous obliger de me faire miséricorde, engagez-moi, ô mon Dieu, à vous faire justice, et faites que je ne me pardonne jamais les péchés que vous allez me pardonner.

III. Que j'ai de regret, ô mon Dieu, de vous avoir offensé, parce que vous êtes mon père et que vous brûlez du désir de me sauver, parce que vous êtes mon juge, que vous pouvez me perdre, et parce que mes péchés vous ont donné la mort, m'ont privé de votre grâce et de votre amour ! Je vous crains, ô Dieu de majesté ! Je vous aime, ô Dieu de bonté ! Je mets toute mon espérance dans les mérites de votre Passion, ô mon Sauveur ! Et j'ai la douce confiance que vous allez effacer mes péchés par l'application de votre sang.

Acte de bon propos.

Soyez mille fois béni, ô mon Dieu, vous qui par votre grande miséricorde me manifestez aujourd'hui la malice du péché véniel. Je déteste sincèrement et de tout mon cœur tous ceux dont je me suis rendu coupable, surtout ceux dans lesquels j'ai croupi depuis plus longtemps, ceux que j'ai commis avec plus de connaissance et de malice, ceux qui, pour mon prochain, ont été une cause de chute, ceux enfin qui ont mis plus d'obstacle à vos grâces. Désormais j'éviterai ces fautes, en priant et en veillant sans cesse sur moi-même, en me soustrayant autant que possible aux dangers séducteurs du monde, en résistant avec courage aux attraits de ma chair criminelle, en rejetant sur-le-champ les suggestions du démon. Je les expierai, ces fautes, par des jeûnes, des aumônes, mais surtout par l'aveu humble et sincère que j'en ferai à votre ministre. Quand l'occasion se présentera de commettre le moindre péché, je considérerai, à l'aide de votre grâce, le danger auquel je m'expose de perdre à jamais votre amitié, le tort que je fais à votre gloire, la grandeur de l'injure qui offense votre divine majesté. Et puisque souvent la damnation commence par un péché véniel, je craindrai et j'éviterai comme un grand mal le moindre de ces péchés.

OBSERVATIONS IMPORTANTES.

1. La contrition étant l'âme du sacrement de pénitence, il est absolument nécessaire d'avoir un sincère regret des fautes légères qu'on accuse, quand on n'a que de telles fautes à confesser. Si l'on n'avait la contrition d'aucune de ces fautes, le sacrement serait nul par défaut de matière sur laquelle pût tomber l'absolution, et la bonne foi avec laquelle on se confesserait pourrait seule empécher le sacrilége.

« Pour obvier à ce malheur, dit le R. P. Boone (1), et rassurer les âmes timorées, les maîtres de la vie spirituelle conseillent de ne jamais manquer *d'ajouter à la fin des confessions de dévotion quelques péchés de la vie passée* dont on puisse être comme certain d'avoir un vrai regret, avec une résolution forte et déterminée de ne jamais y retomber. Ces péchés déjà confessés, sans être une matière nécessaire, sont toujours une matière suffisante de l'absolution, ou si l'on aime mieux l'absolution présente est une confirmation de la première absolution qu'on a reçue.

« Cependant il ne faut pas que l'accusation du passé empêche de s'exciter, autant qu'il se peut, à la douleur des péchés présents, car on doit toujours se souvenir *que les péchés dont on n'a pas un regret proportionné à leur nature et à leur matière, ne*

---

(1) *Ouv. cit.*

sauraient être pardonnés, même dans le sacrement. »

Il suit de ce principe que pour obtenir, même dans le sacrement de pénitence, la rémission des péchés véniels commis *de propos délibéré*, il faut, semble-t-il, lorsqu'ils se présentent à notre mémoire, un regret formel et distinct, tandis que pour les fautes de pure fragilité, il suffit d'en avoir un regret général, tel, par exemple, que celui-ci : *Ah! que je voudrais n'avoir pas commis ces fautes! Hélas! quand viendra enfin le jour où je n'offenserai plus le Seigneur!*

2. Dans l'accusation de vos fautes, dites uniquement ce qui les concerne, et ne mêlez point vos péchés avec ceux d'autrui. Soyez court et clair, surtout véridique, puisque c'est à Dieu que vous parlez dans la personne du confesseur. Évitez de vouloir tout dire, de ne pas dire ce qu'il faut, de le dire sans netteté et avec embarras : défaut dans lesquels on tombe souvent en s'accusant de ces péchés dans la confession fréquente. « Ne mêlez pas dans la confes-
« sion, dit saint François de Sales, les mouvements
« involontaires avec les péchés ; car si vous allez
« dire : *Je m'accuse que, durant deux jours, j'ai eu*
« *de grands mouvements de colère, mais je n'y ai pas*
« *consenti*, vous dites vos vertus au lieu de dire vos
« défauts.

« Retranchez de votre confession ces accusations
« dont plusieurs se font une routine : *je n'ai pas au-*
« *tant aimé Dieu que je devais, je n'ai pas prié avec*
« *autant de dévotion que je devais*, etc. En disant

« cela vous ne dites rien de particulier qui fasse
« connaître au confesseur l'état de votre âme. Les
« hommes les plus parfaits du monde pourraient dire
« les mêmes choses bien que les saints du paradis,
« si la confession était faite pour eux. »

3. Avant d'approcher du confesseur, pendant que celui qui vous précède se confesse, vous pourrez renouveler votre acte de contrition et dire dans un esprit d'humilité et de componction votre *Confiteor*, pour ne point arrêter ceux qui viennent après vous. — Étant aux pieds du prêtre, tandis qu'il vous donne la bénédiction, vous direz : *Bénissez-moi, mon Père, parce que j'ai beaucoup péché par pensées, par paroles et par actions.*

4. Votre confession étant achevée, il ne faut plus songer à chercher de nouvelles accusations, mais vous appliquer entièrement à écouter ce que le prêtre voudra vous dire, à retenir la pénitence qu'il vous imposera, à entrer en esprit dans les plaies de Jésus-Christ, unissant votre contrition à ses douleurs, pendant que les mérites de son sang vous seront appliqués par l'absolution, et recevant, comme de sa bouche en esprit de foi, de reconnaissance et d'amour, le bienfait de la rémission de vos péchés.

5. Accomplisssz avec exactitude et promptitude, avec ferveur et en esprit de pénitence et de repentir, ce que le prêtre vous aura imposé. Le temps le plus propre à faire la pénitence est celui qui suit immédiatement la confession, si on en a le loisir. Si on

ne l'a pas, ce n'est pas un péché que de la différer, mais il faut prendre garde de l'oublier (1).

PRIÈRE APRÈS LA CONFESSION.

Mille actions de grâces vous soient rendues, ô mon Dieu, pour m'avoir purifié de nouveau dans les eaux salutaires du sacrement de pénitence, tout en me faisant comprendre la malice du péché véniel. Désormais je vais m'appliquer à n'en plus commettre aucun de propos délibéré. Quant à ceux dans lesquels la fragilité humaine pourrait me faire retomber, j'espère de votre miséricorde le secours nécessaire pour les effacer par une prompte et sincère pénitence.

Confirmez, ô mon Dieu, ces saintes résolutions ; accordez-moi la grâce d'y être fidèle jusqu'à mon dernier soupir. Quel bonheur pour moi si, au sortir de cette misérable vie, mon âme était tellement pure qu'elle pût

---

(1) Le R. P. BOONE, *Ouv. cit.*

entrer immédiatement dans la possession et la joie de son Créateur !

Vierge sans tache, ô Marie, vous qui avez eu cet ineffable bonheur lorsque votre âme bénie quitta cette terre pour s'envoler vers les cieux, daignez m'obtenir la grâce de ne jamais plus être infidèle à Dieu.

Ange du Seigneur, mon fidèle et charitable guide, veillez sur moi, afin d'écarter tout ce qui pourrait me faire retomber dans mes anciennes fautes.

Grand saint, dont j'ai l'bonneur de porter le nom, priez pour moi afin que je dirige si bien mes pensées, mes désirs, et mes actions que je ne viole plus en rien les commandements de mon Dieu. Ainsi soit-il! Ainsi soit-il !

EXERCICE

POUR LA COMMUNION.

Dans l'Incarnation, le Verbe, en prenant la nature humaine du Christ, unit sa divinité en quelque mauière à l'humanité en général; dans l'Eucharistie, c'est à chacun de nous en particulier qu'il s'unit; là, le Verbe se fait chair, et cette chair est remplie de la divinité qui habite en el e : un Dieu devient homme; ici, le Verbe nous communique sa chair; et, par cette communication, l'homme participe, jusqu'à un certain point, à la divinité : *divinitatis consors*.

C'est donc en toute vérité que les Pères de l'Église ont pu dire que l'Eucharistie est une extension et une continuation du mystère de l'Incarnation, et que le fidèle qui communie participe à la maternité divine de Marie.

Il suit de là que lorsque nous avons le bonheur de communier, nous devons nous efforcer de produire en nous les dispositions dont l'auguste Vierge de Nazareth fut remplie lorsqu'elle devint la Mère de Dieu ; nous devons du moins suppléer par une humilité profonde à l'impuissance où nous sommes d'égaler ses dispositions parfaites, ses sentiments sublimes.

Consacrée à Dieu dès sa plus tendre enfance, Marie vivait dans la pratique de toutes les vertus. « Dieu se plaisait à voir cette aimable Vierge s'éle-
« ver à la plus haute perfection, et il la comblait de
« grâces à chaque instant pour la disposer à devenir
« la mère du Sauveur Quand Marie connut que le
« temps de la venue du Messie était proche, qui pour-
« rait dire quels furent les transports de son âme;
« avec quelle ardeur elle désirait cet heureux avé-
« nement, pour voir son Dieu glorifié et les hommes

« délivrés de la tyrannie du démon et du péché, où
« ils gémissaient depuis si longtemps ! Elle soupirait
« sans cesse après ce moment fortuné ; elle deman-
« dait avec larmes d'envoyer sur la terre le Rédemp-
« teur promis, objet de tous ses vœux et de ses fer-
« ventes prières (1). »

C'est ainsi que cette belle aurore, ayant paru dans le monde, y attira le soleil de justice et l'obligea de hâter sa course. Son humilité lui gagna le cœur de Dieu ; sa charité et sa douceur l'attendrirent ; mais le puissant attrait de sa pureté virginale le fit descendre de son trône. Les saints de l'Ancien Testament avaient donné l'exemple de toutes les autres vertus ; à Marie était réservé le glorieux privilége d'offrir la première, au monde, le spectacle d'une vierge ayant fait vœu de virginité dans le mariage. Ce fut cette vertu qui servit de disposition prochaine à la naissance de Jésus ; ce fut elle qui mit le sceau aux mérites des patriarches et des prophètes, et si elle ne fut pas la cause méritoire de l'Incarnation du Verbe, au moins elle avança l'accomplissement de ce mystère.

En nous approchant de la sainte communion, nous recevons le même Dieu que Marie conçut dans son chaste sein ; comme elle, préparons-nous donc à sa venue par la sainteté de notre vie, par la pratique des vertus, en particulier par la pureté de l'âme et

(1) *La pratique du Mois de Marie*, p. 86, 87.

du corps, puisque Jésus est l'époux des vierges, et qu'il se plait et se nourrit parmi les lis; dans nos oraisons, dans nos exercices de piété, faisons en sorte d'éprouver les beaux sentiments, les fervents désirs dont la sainte Vierge était animée en soupirant après l'avénement du Messie.

Si le bonheur d'une âme qui reçoit Jésus-Christ est comparable à celui de Marie, quelles dispositions n'exige pas d'elle un don si précieux? Si l'Église est dans l'étonnement que le Fils de Dieu ait bien voulu descendre dans le chaste sein de l'humble Vierge de Nazareth (1), quelle pureté de cœur, quelle netteté d'âme demande d'un chrétien la manducation de ce divin agneau? Il faudrait qu'il fût mort au péché, au monde, à lui-même, et qu'il ne vécût plus que pour Dieu seul; il faudrait qu'il fût parvenu à une application constante des choses du ciel, qu'il fût uni étroitement à son Créateur; il faudrait, en un mot, qu'il fût parfait et irréprochable, c'est-à-dire, que son cœur fût libre de toute attache, son esprit vide du souvenir et de l'idée des créatures (1).

On croit que Marie était en prière au moment où l'ange vint la saluer de la part de Dieu. Il était minuit, et néanmoins, dit saint Bernard, elle vaquait

---

(1) Tu ad liberandum suscepturus hominem non horruisti Virginis uterum (*Hym. Te Deum.*)

(2) Houdry, *Bibliothèque des Prédicateurs*, v° Communion.

encore à la prière, sans donner à son corps délicat le repos qui lui était nécessaire. C'est alors qu'elle fit paraître tout ensemble sa grande modestie, en se troublant à la vue d'un ange sous forme humaine ; sa foi vive, en croyant sans hésiter le grand mystère qui lui est annoncé ; son amour pour la virginité, en préférant cette belle vertu à l'auguste qualité de **Mère de Dieu** ; sa profonde humilité, en ne prenant d'autre titre que celui de servante du Seigneur ; sa parfaite obéissance, en se soumettant aux ordres de Dieu. *Voici*, dit-elle, *la servante du Seigneur, qu'il* « *me soit fait selon votre parole.* « Qui pourrait
« dire, ajoute un pieux Jésuite, les lumières, les
« grâces, les saints désirs, les ardeurs de l'amour
« divin et les actes héroïques de vertu que le Saint-
« Esprit produisait dans son épouse pour la disposer
« à ce mystère ? Il ramassait dans son âme tout ce
« qu'il avait mis dans le cœur de tous les saints de-
« puis le commencement du monde ; et comme,
« quand l'heure sonne, toutes les roues de l'horloge
« se remuent, de même aux approches du Verbe
« toutes les vertus de la Vierge et toutes les puis-
« sances de son âme étaient dans un mouvement
« merveilleux : son humilité l'abaissait jusqu'au
« néant ; sa chasteté l'élevait au-dessus des cieux ;
« son cœur était tout en feu et son esprit tout rem-
« pli des rayons de ce soleil de justice qui venait
« éclairer les ténèbres du monde (1). »

(1) Le P. NOUET, *L'Homme d'Oraison, la vie de jé-*

Apprenons de là quelle foi vive, quelle modestie, quelle humilité profonde, quel ardent amour de Dieu nous devons avoir au moment même où Jésus-Christ vient s'incarner, pour ainsi dire, dans notre cœur, lorsque nous le recevons dans la sainte communion !

Aussitôt que Marie eut donné son consentement à l'envoyé céleste député vers elle pour lui proposer d'être la mère du Verbe, le Saint-Esprit descendit en elle, l'environna d'une vertu divine, forma de son très-pur sang le corps le plus pur qui fut jamais, créa une âme très-noble qu'il unit à ce corps, et à l'instant même le Fils de Dieu unit à sa personne sacrée ce corps et cette âme. — C'est ainsi que Marie devint la Mère de Dieu par l'opération toute miraculeuse du Saint-Esprit.

Représentons-nous quels furent les sentiments de la sainte Vierge après l'accomplissement de cet ineffable mystère. Bien loin de s'élever par la complaisance de ses grandeurs, elle s'abaisse jusqu'au centre de son néant : elle s'humilie parce qu'elle respecte souverainement la majesté divine qu'elle adore, et dont elle sent la proximité et la présence d'une manière extraordinaire ; son cœur se tourne vers Dieu et, recevant non-seulement les rayons du soleil de justice, mais le soleil même, il se liquéfie par l'ardeur de sa charité, il se fond dans son néant, en laissant

sus-Christ dans le sein de la B. Vierge, méditation IV.

échapper trois vives flammes : le désir de voir Jésus-Christ, le désir de le donner aux hommes comme leur sauveur et leur rédempteur, enfin le désir de le servir comme son Fils et comme son Dieu. — C'est ainsi qu'après avoir reçu Jésus-Christ dans la communion nous devons nous humilier devant lui, l'adorer avec un profond respect, l'aimer comme notre Dieu, nous offrir à lui pour le servir et pour entrer dans tous les desseins qui l'ont porté à se faire homme, enfin désirer de le voir un jour glorieux dans le ciel.

Que nous serions heureux si avant, pendant et après la sainte communion, nous savions pratiquer les vertus que la sainte Vierge nous enseigne dans le mystère de l'Incarnation ! Il ne faudrait pas d'autre méthode pour bien communier ; c'est pourquoi nous nous sommes appliqué, non-seulement à en développer la théorie, mais encore à en indiquer la pratique dans les actes ci-après.

De tout ce qui précède il résulte qu'on ne saurait apporter trop de soin à se bien préparer à la sainte communion. C'est bien là, certes, l'action la plus importante qui puisse faire un chrétien. La communion fervente, est, d'ailleurs, le moyen le plus efficace non-seulement d'arriver en peu de temps à une éminente sainteté, mais encore d'apaiser la colère de Dieu justement irrité par les péchés des hommes. « Lorsque je te ferai connaître, dit Jésus
« à la vénérable Marguerite-Marie Alacoque, lors-

« que je te ferai connaitre que la divine justice est
« irritée contre les pécheurs, tu me viendras rece-
« voir par la sainte communion... tu m'offriras à
« mon Père éternel... pour apaiser sa juste colère
« et fléchir sa miséricorde à leur pardonner. » —
Puisque la Reine du ciel est venue elle-même nous
dénoncer la colère de Dieu, ne manquons pas d'entrer dans les intentions de son cher Fils, en offrant quelques-unes de nos communions au Père éternel pour la conversion des pécheurs. Heureux si nous pouvions gagner, ne fût-ce qu'une âme, au cœur adorable de Jésus !

AVANT LA COMMUNION.

Entretien avec Marie sur les dispositions saintes qui l'animaient avant l'incarnation du Verbe.

Humilité de Marie.

Qui pourrait comprendre, ô Marie, de combien de gloire et de louanges votre humilité est digne ! Un ange vient vous annoncer, de la part de Dieu, que vous êtes choisie entre toutes les femmes pour être la Mère de son Fils ;

qu'en donnant naissance au Verbe, vous deviendrez la Mère des vivants, la Reine des anges et des saints. Toute autre créature que vous, ô Vierge très-sainte, eût été éblouie par des promesses moins magnifiques. — Tant de gloire n'avait pas été le partage de Lucifer, et ce fils de la lumière, ayant jeté les yeux sur sa propre beauté, en fut ébloui ; son orgueil le précipita dans les abîmes éternels. — Pour vous ô Marie, vous êtes tellement unie à Dieu que vous n'en détournez pas un instant le regard pour le reporter sur vous-même ; l'amour-propre vous est inconnu ; vous ne connaissez que l'amour et la gloire du Très-Haut ; la voix de l'Ange, qui vous salue *pleine de grâces* et bénie entre toutes les femmes, vous jette dans un muet étonnement ; vous craignez de répondre, de peur d'encourager les éloges si peu en rapport avec vos propres sentiments ; vous écoutez le message céleste, vous n'êtes point éblouie par le tableau des magnificences du règne sans fin promis à l'Enfant que l'envoyé de Dieu vous annonce ; calme et tranquille, vous mettez ces brillantes promesses en regard des obligations qui vous lient au Seigneur ; et, persuadée que sa volonté ne peut se combattre elle-même, qu'une révélation ne peut être en opposition avec une loi divine, vous êtes résolue de sacrifier les grandeurs à l'accomplissement d'un devoir sacré : vous préférez renoncer à la divine maternité plutôt qu'à votre viginité inconnue à tous, excepté à Dieu. Rassurée par l'ange qu'en devenant la mère du Rédempteur, votre virginité ne souffrira nulle atteinte, vous consentez ; mais votre réponse à jamais mémorable prouve que votre élévation, loin de changer les sentiments que vous avez eus dans votre obscurité passée, n'a fait que vous y affermir ; votre âme s'épanche dans les louanges du Seigneur, qui a regardé l'humilité de sa servante ; vous attribuez à la puissance, à la sainteté, à la miséricorde de Dieu, les grandeurs, les faveurs qui vous furent accordées jusque-là ; vous reconnaissez aussitôt qu'en vous, en votre tribu, en votre peuple le Très-Haut vient de montrer à tous les hommes, à tous les peuples que *l'orgueil a dû céder le trône à l'humilité ; que les indigents ont été rassasiés et les riches honteusement renvoyés.*

C'est dans la sainte communion, ô Marie, que se vérifient à la lettre ces sublimes paroles. Là, votre divin Fils comble de tous les biens ceux qui, comme lui, sont doux et humbles de cœur, tandis, au contraire, qu'il laisse dans l'indigence ceux qui méprisent ses dons. Vierge très-humble, en vertu de la très-grande humilité par laquelle vous avez mérité d'être exaltée au-dessus de tous les chœurs des anges et de tous les saints, daignez m'obtenir la grâce de recevoir votre divin Fils avec un profond sentiment de mon indignité. C'est cette disposition qui attira dans votre cœur le Verbe divin. Elle ne saurait manquer d'être agréable à ce Dieu Sauveur, lorsqu'il la rencontre en ceux qui s'apprêtent à le recevoir dans un sacrement, où il s'humilie lui-même plus profondément encore que dans le mystère de l'incarnation.

Sa pureté.

O Marie, vous êtes l'aurore éclatante de la lumière éternelle, le jardin fermé qui fit les délices de Dieu, la fontaine scellée dans laquelle l'ennemi ne porta jamais la main pour en troubler les eaux ; vous êtes l'élue de Dieu ; et le fleuve de la corruption, qui ravage et infecte toute la race humaine, a été détourné dans son cours pour qu'il ne puisse vous atteindre. Dieu vous a préservée de la souillure commune, afin de préparer dans votre corps et dans votre âme une demeure digne de son Fils. Pour correspondre à la grâce tout exceptionnelle de votre immaculée conception, vous avez, dès l'âge le plus tendre, consacré dans le temple votre virginité au Seigneur. La pureté de votre âme atteignit un degré si sublime de perfection, qu'elle exclut non-seulement la faute la plus légère, mais tout mélange avec la créature : votre cœur, appartenant sans partage à Dieu, ne respirait que pour lui.

Et voilà, ô Marie, ce qui vous a gagné le cœur de Dieu lui-même : c'est votre pureté ineffable qui a attiré dans votre sein celui que les cieux ne peuvent contenir. O colombe innocente et tout éclatante de blancheur, que votre beauté a dû être ravissante pour mériter d'être la Fille du Père éternel, la Mère du Fils, l'Épouse du Saint-Esprit !..... O Jésus, la sainteté même ! l'Église est ravie d'admiration que vous ayez pu vous incarner dans le sein immaculé de Marie ; elle devrait plutôt s'étonner que vous soyez prêt à descendre dans un cœur aussi misérable que le mien ! Vivement pénétré du sentiment de mon indignité, je serais, ô mon Dieu, tenté de vous dire : *Seigneur, éloignez-vous de moi, car je ne suis qu'un pécheur.* Mais vous m'ordonnez d'aller à vous, et je me soumets, en vous suppliant avec instance de purifier mon âme de toutes ses souillures, afin d'en faire une demeure aussi digne de vous que possible.

Vierge sainte, qui par votre pureté incomparable avez été trouvée digne de porter Jésus-Christ dans votre sein, daignez me disposer par vos prières à recevoir votre divin Fils dans mon cœur ; et puisque mes dispositions ne peuvent être aussi parfaites que les vôtres, obtenez-moi une humilité si profonde, qu'elle supplée à l'impuissance où je suis d'égaler vos sentiments sublimes.

Sa ferveur et son union avec Dieu.

Nul ne pourrait exprimer, ô Marie, l'ardeur continuelle, la sainte ivresse de votre amour pour Dieu. Le jour, la nuit, dans le travail, dans le repos, dans le bonheur, dans l'infortune, vous étiez toujours recueillie, toujours unie à Dieu, toujours disposée à lui plaire. Enflammé par l'ardeur des divins entretiens, votre cœur, ô Vierge très-fervente, était comme une ournaise d'amour pour Dieu. Votre ardente charité vous avait rendue si belle à ses yeux, lui avait inspiré tant d'amour, qu'épris de votre beauté, il voulut descendre dans votre sein pour s'y incarner. C'est au moment que vous étiez absorbée dans une profonde contemplation des choses divines que l'ange vint vous annoncer, de la part de l'Éternel, que vous étiez choisie pour être la mère du Messie, dont vous désiriez l'avénement avec plus d'ardeur que tous les patriarches et les prophètes ensemble. Qui pourrait dépeindre la ferveur dont votre âme était alors embrasée, les vives flammes qui consumaient votre cœur?

O Marie, quel contraste entre votre conduite et la mienne! Quand vous habitiez cette terre, votre cœur était tout feu pour Dieu, le mien est froid comme la glace ; vous soupiriez sans cesse après Jésus, votre bien-aimé, et moi je ne vis, je ne respire que pour le monde; vos prières étaient toujours ferventes, les miennes sont toujours faites avec tiédeur et négligence. Encore si le court moment que je passe à la table sainte était sans distractions ; mais non : le plus souvent je reçois mon Dieu sans un véritable recueillement..... O Marie ! ô ma Mère ! par l'inestimable amour qui vous unissait si intimement à Dieu, faites, je vous en conjure, que je reçoive aujourd'hui le corps de votre divin Fils avec une ferveur si grande que cette communion répare toutes les tiédeurs, toutes les négligences de celles que j'ai faites jusqu'ici.

AUX APPROCHES DE LA COMMUNION.

Entretien avec Marie sur les vertus pratiquées par elle au moment de l'Incarnation du Verbe.

Foi vive de Marie.

O Marie, que votre foi est grande ! l'ange vous ayant assuré que vous deviendrez la mère de Dieu sans que votre virginité en souffre d'atteinte, à l'instant même vous croyez sans hésiter à la parole du messager céleste. Vous croyez fermement que le Père éternel vous donnera son Fils ; que ce Fils s'incarnera dans votre sein ; que le Saint-Esprit surviendra en vous ; que vous serez la mère de Dieu sans cesser d'être vierge. Vous ne demandez ni signe, ni miracle, pour croire toutes ces choses. Il vous suffit de savoir que tout cède à la puissance divine. Vous donnez à Dieu cette gloire de reconnaître que sa puissance est infinie ; qu'elle surpasse la portée de votre esprit, et qu'elle peut faire une infinité de choses que vous ne pouvez comprendre. Vous avez été heureuse, ô Marie, d'avoir cru, car Dieu a réalisé en vous toutes les promesses qu'il vous avait faites.

Appuyé, comme vous, sur la parole et sur la toute-puissance de Dieu, je crois fermement, ô Vierge très-fidèle, que votre divin Fils va se donner à moi dans quelques instants sous les espèces adorables du pain et du vin ;

je crois fermement que le corps et le sang qu'il a pris de votre substance virginale vont devenir ma nourriture. Que n'ai-je, ô Marie, en ce moment la foi qui vous animait lorsque vous conçûtes le Verbe divin !

O Jésus ! je crois à la réalité de votre présence dans la sainte Eucharistie. Je crois, oui, je crois que c'est vous-même qui, tout glorieux que vous êtes dans le ciel, ne laissez pas d'être caché sous les espèces adorables du pain et du vin. Je le crois, ô mon Rédempteur, mais ma foi est faible, languissante, daignez la fortifier et suppléer à ce qui lui manque par celle de Marie : *Credo, Domine, sed adjuva incredulitatem meam.*

Sa modestie incomparable.

Les Pères de l'Église rapportent que dès votre enfance, ô Marie, votre modestie était si grande qu'elle étonnait tout le monde. Quoique vous fussiez toute pleine de grâces, vous étiez néanmoins si mortifiée des yeux que vous les teniez toujours baissés, sans jamais les arrêter sur personne. Votre extérieur était le tableau de votre âme ; c'était l'image de la vertu. Votre aspect, comme votre âme, était tout resplendissant d'une beauté angélique qui inspirait un amour divin pour la chasteté.

Quand l'ange Gabriel fut envoyé vers vous, il vous trouva en prière, dans un recueillement plein de modestie. Vous ayant saluée, vous fûtes troublée. D'où provenait ce trouble? Ce n'était point de la nouveauté de la vision, puisque vous étiez accoutumée à voir les anges et que votre entretien le plus familier était de traiter avec eux. D'où provenait donc votre trouble? — De votre modestie, de votre pudeur virginale. C'est le propre, en effet des vierges d'être craintives et de redouter toute approche et tout discours des hommes. Par honneur pour l'incarnation du Verbe et par conformité à ce mystère, l'ange Gabriel avait pris une forme humaine. Cette forme, ô Vierge très-pudique, vous troubla d'autant plus que les anges qui s'étaient montrés à vous auparavant, vous ne les aviez vus que d'une vue intellectuelle.

Dans quelques instants, le Saint des saints, environné de ses anges qui l'accompagnent partout, daignera s'abaisser jusqu'à venir à moi. Comme vous, ô Marie, j'aurai le bonheur de le recevoir dans mon cœur. Ah ! que n'ai-je en ce moment et votre incomparable modestie et votre ineffable recueillement. Obtenez-moi, du moins, ô Mère aimable, que je sois pénétré d'un sentiment si vif de la présence de mon Dieu et de la grandeur de l'action que je vais faire, que je ne laisse alors égarer ni mes yeux, ni mon esprit ; faites que la contenance de mon corps réponde à la sainteté du mystère auquel je vais participer, et qu'à l'avenir il y ait tant de réserve dans tout mon extérieur, que ma modestie soit connue de tous.

Son obéissance parfaite.

Vous avez, ô Marie, donné la joie au ciel,

le salut à la terre, lorsque, par le plus humble acquiescement à la parole de Dieu, vous avez dit : *Je suis la servante du Seigneur, que tout ce qu'il désire s'accomplisse en moi.* Réponse admirable, exprimant non-seulement la soumission la plus parfaite à la volonté divine, mais le dévouement le plus sublime ! En effet, éclairée des célestes lumières que vous aviez puisées dans la prière et la méditation des saintes Écritures, vous aviez, ô Marie, trop profondément pénétré dans le sens des pages prophétiques pour ne pas avoir médité sur les supplices et les humiliations qu'elles prédisaient au Messie. En consentant à devenir la mère de Dieu, vous embrassiez donc une existence remplie de douleurs et d'opprobres : vous vous associiez à tous les travaux, à tous les supplices, à la mort même de votre Fils ! Ce n'est qu'à ce prix que, de servante du Seigneur, votre obéissance vous en a rendue la mère. Ô heureuse obéissance, qui a eu la force de faire descendre dans votre sein le créateur du ciel et de la terre ! Puisque je suis sur le point, ô Vierge sainte, de participer à votre maternité divine, daignez m'obtenir les lumières qui me fassent connaître ce que votre Fils demande de moi et la force de l'accomplir. Je me soumets, à votre exemple, à sa volonté sainte ; je suis son serviteur, qu'il fasse de moi tout ce qu'il lui plaira.

Et vous, ô Esprit-Saint, qui, par un acte de votre toute-puissante bonté, avez opéré le mystère de l'incarnation du Fils de Dieu dans le sein de la très-sainte et immaculée Vierge Marie, et qui vous êtes donné à elle pour la sanctifier par vous-même et par la plénitude de vos dons, afin de la rendre votre épouse et une digne demeure de la sagesse éternelle, daignez aussi descendre en moi, me combler de vos faveurs et rendre mon cœur digne d'être le temple du Verbe divin. Ainsi soit-il.

INVITATION A JÉSUS,

Prière de sainte Gertrude.

O Jésus, mille fois plus doux que toute douceur, qui avez dit vous-même que vos délices sont d'être avec les enfants des hommes, mon âme vous désire, mon cœur languit après vous. Je vous invite donc, avec une dévotion et un amour tels que jamais l'âme la plus aimante ne vous a invité ainsi. Venez donc, ô l'époux bien-aimé de mon âme, venez, l'amour le plus cher de mon âme, venez un instant dans la pauvre chaumière de mon cœur. Venez, médecin céleste, venez et guérissez mon âme infirme; venez, ami mille fois cher à mon cœur, venez et enrichissez mon extrême pauvreté.

Venez, ô très-aimable Soleil, et éclairez les profondes ténèbres de mon âme. Venez, manne très-suave, et rassasiez la faim extrême de mon âme. Venez, Jésus, tout plein des charmes du pur amour, venez, l'objet bien-aimé de mes vœux, venez et asseyez-vous au banquet que je vous ai préparé dans le vil cénacle de mon cœur. Et, bien que je n'aie fait aucun préparatif qui soit digne de votre magnificence, vous y trouverez cependant et la bonne volonté et un cœur plein d'amour pour vous.

O mon unique amour ! je brûle du désir de vous posséder et je vous attends avec un extrême amour. O le plus beau des enfants des hommes ! ô source inépuisable de douceur ! ô la suavité des suavités ! ô toute jouissance ! oh ! venez à moi et ne méprisez pas votre pauvre petit serviteur.

Assis à la table de communion, dites :

Venez, bon Jésus, venez, époux de mon âme, et, animé de cet amour avec lequel vous êtes entré dans le sein de la Vierge, entrez dans mon pauvre cœur....

APRÈS LA COMMUNION.

Sentiments affectueux en union de ceux que produisit la sainte Vierge après l'incarnation du Verbe.

Adoration profonde.

Divin Jésus, mon Créateur et mon Sauveur, il est donc vrai qu'en ce moment vous êtes aussi réellement présent dans mon âme que vous le fûtes dans le sein de Marie après votre incarnation ! Il est donc vrai que vous, le Dieu du ciel et la terre, habitez en moi, si pauvre et si misérable créature ! O Dieu, dont les bontés envers moi sont vraiment incompréhensibles ! je vous offre l'hommage de mes adorations : c'est le charme de mon cœur, c'est le ravissement de mon esprit de m'anéantir devant votre Majesté suprême !

O Marie, parfait modèle des sentiments qui doivent nous animer devant le Seigneur ! daignez m'inspirer ceux que je dois éprouver en ce moment. Que votre âme soit en moi pour glorifier Dieu ; que votre cœur passe dans le mien pour le faire tressaillir d'allégresse en mon doux Sauveur ; que votre voix si mélodieuse me prête ses doux accents pour entonner le cantique d'adoration, d'amour et de reconnaissance que vous chantâtes après avoir conçu le Verbe dans votre sein virginal.

CANTIQUE DE LA SAINTE VIERGE (1).

Mon âme glorifie le Seigneur,

Et mon esprit est ravi de joie en Dieu mon Sauveur.

Il a jeté les yeux sur la bassesse de sa servante : toutes les nations m'appelleront désormais bienheureuse.

Il a fait en moi de grandes choses ; il est le Tout-Puissant, son nom est saint.

Sa miséricorde s'étend d'âge en âge sur ceux qui le craignent.

Il a déployé la force de son bras, il a dis-

---

(1) Saint Luc, I, 46.

persé ceux qui s'enorgueillissaient dans les pensées de leur cœur.

Il a fait descendre les grands de leurs trônes, et il a élevé les humbles.

Il a comblé de biens ceux qui étaient dans l'indigence, et il a renvoyé pauvres ceux qui étaient riches.

Il s'est montré plein de miséricorde et il a pris sous sa protection Israël son serviteur.

Comme il l'avait promis à nos pères, à Abraham et à sa postérité, dans tous les siècles.

Gloire au Père, etc.

Offrande de soi-même.

O Verbe éternel, puisque j'ai, comme Marie, le bonheur de vous posséder dans mon cœur, je voudrais, comme elle, vous offrir quelque chose en témoignage de mon amour et de ma reconnaissance; mais hélas! dans mon indigence que puis-je vous présenter qui soit digne de vous? O mon Dieu! ô mon tendre Père que puis-je faire sinon de m'unir aux dispositions qui animaient votre très-sainte Mère lorsqu'elle sentit palpiter votre cœur pour la première fois dans son sein? Elle vous renouvela sans doute alors l'offrande du sacrifice qu'elle avait faite au moment où elle donna son consentement à l'ange. J'unis à cette offrande, que Marie vous fit d'elle-même, mon âme et toutes ses puissances : mon intelligence, afin que vous la captiviez sous le joug de la foi ; ma volonté, afin qu'elle se conforme en tout à la vôtre ; mon cœur, pour qu'il vous aime sans partage ; mon corps, pour qu'il travaille à l'accomplissement de votre loi sainte ; ma vie elle-même, pour que vous en disposiez à votre gré et que tous mes jours vous soient consacrés jusqu'à mon dernier soupir.

Je comprends, ô mon Dieu, que, vous ayant trouvé, je n'ai plus rien à chercher parmi les hommes. C'est pourquoi je vous fais le sacrifice de mes liaisons, de mes attaches, de mes amis, de tout. Je ne veux plus rien aimer qu'en vous et pour vous. Votre présence saura bien me dédommager de tout et me tenir lieu de tout autre bien. Régnez donc seul et en souverain dans mon cœur. Mais hélas! ô mon Dieu! c'est bien tard que je me donne ainsi à vous; peut-être n'ai-je plus que peu de temps à vivre en ce monde pour réparer les infidélités de ma vie passée! Désormais donc je ne veux vivre et respirer que pour vous. Daignez agréer ma résolution, la soutenir par le secours de votre grâce et la rendre aussi constante qu'elle me paraît sincère.

Amour tendre de Jésus.

Dieu est au milieu de vous, ô Marie, et vous ne serez point ébranlée, « car il s'est consacré dans vous un tabernacle. » Ô Vierge immaculée! ô la plus heureuse des femmes! apprenez-moi ce que vous sentîtes dans le secret de votre cœur et quelle douceur éprouva votre âme lorsque le Fils de Dieu, cette source de délices, descendit dans votre sein et prit de votre substance pour se revêtir de notre humanité. Qui me donnera de comprendre combien fut vif l'amour de votre cœur et les ardeurs séraphiques qui vous consumèrent, à partir de cet heureux moment! Autant vous êtes élevée au-dessus des célestes intelligences, autant votre amour surpasse le leur. Priez ce bon Jésus de laisser tomber dans mon cœur une étincelle de l'incendie qui consume le vôtre ; dites-lui de me percer des flèches de son pur amour, afin que plus rien de terrestre ne souille un cœur qui n'est fait que pour lui. O Marie! ô ma Mère! prêtez-moi votre cœur afin que je puisse aimer comme je le dois ce Jésus, ce Dieu d'amour qui s'est donné tout entier à moi, à moi si vil et si misérable, qui l'ai tant de fois offensé. O bon Maître! puisque l'amour est la meilleure réparation des offenses, donnez-moi de vous aimer beaucoup, afin que vous me remettiez beaucoup de péchés; donnez-moi d'être embrasé et entièrement consumé des flammes de votre plus pur amour; que je ne vive plus que pour vous aimer, afin de mériter la douce sentence que vous prononçâtes en faveur de Madeleine : « Beaucoup de péchés lui sont remis à cause de son grand amour. »

Je vous aime, bonté infinie, je vous aime, amour infini. Je ne désire rien autre chose que de vous aimer et je ne redoute pas de malheur plus grand que de vivre sans vous aimer. Mon bien-aimé Jésus, ne me refusez point de revenir dans mon âme; venez, car je donnerais mille fois ma vie plutôt que de vous chasser de nouveau de mon cœur, et je veux faire tout ce qui dépendra de moi pour vous y attirer souvent. Venez, enflammez-moi tout entier de votre saint amour. Faites que j'oublie tout l'univers pour ne plus penser qu'à vous, pour ne plus souhaiter que vous, mon souverain et unique bien, et pour vous témoigner à jamais une reconnaissance sans bornes. Agréez, ô mon Dieu, ces sentiments et ajoutez ce bienfait à tous ceux dont vous n'avez cessé de me combler depuis que je suis au monde. Et vous, ô Marie, obtenez-moi la grâce d'être fidèle à mes résolutions jusqu'au dernier soupir de ma vie. Ainsi soit-il.

Cantique d'action de grâces.

(Tiré de sainte Gertrude.)

Qu'elle vous bénisse, ô mon Dieu, votre bienheureuse Mère, que vous avez daigné choisir pour mère avant tous les siècles.

Qu'il vous bénisse cet admirable Tabernacle de votre gloire, qui seul vous a préparé une demeure digne de votre sainteté.

Qu'elle vous bénisse la gloire de votre divinité, qui a daigné s'humilier jusqu'à descendre dans la vallée virginale.

Qu'elle vous bénisse cette ingénieuse sagesse de votre divinité, par laquelle vous avez revêtu cette rose virginale de tant d'éclat et de vertus qu'elle a été capable d'enflammer vos désirs.

Qu'elle vous bénisse cette bonté toute divine, qui, par l'abondance de ses grâces, a rendu la vie entière de Marie digne de votre grandeur.

Qu'il vous bénisse cet amour, le plus doux des amours, qui vous a porté, vous la fleur de la virginité, à devenir le fils de la Vierge.

Qu'elle vous bénisse la splendeur infinie de votre face adorable, qui, rayonnant sur l'âme de la Vierge, l'a revêtue de tant de charmes que l'ineffable Trinité a pu en être éprise.

Qu'elle vous bénisse cette incompréhensible sagesse, qui a rempli le très-chaste esprit de Marie de connaissances divines et du don d'intelligence.

Qu'elle vous bénisse cette bonté si croissante d'humilité et de tendresse, qui vous a fait goûter le lait de la très-chaste Marie, comme le contre-poison du calice de nos péchés.

Qu'elle vous bénisse cette surabondante douceur dont votre cœur a inondé d'une manière ineffable l'âme virginale de Marie, en l'enivrant de toutes les délices de votre divine suavité.

Qu'ils vous bénissent ces suaves accents de votre bouche divine, qui ont enflammé du feu de la charité son cœur maternel.

Que la vertu toute-puissante de votre divinité, que votre sainte humanité tout entière vous bénissent pour l'abondance des dons célestes qu'elles ont daigné répandre avec tant de profusion dans le cœur de Marie.

Gloire soit au Père, et au Fils, et au Saint-Esprit : gloire aussi à la Reine des cieux, gloire à la multitude entière de la céleste hiérarchie, gloire dans tous les siècles.

PRIÈRES

Pour la réparation des blasphèmes et de la profanation du saint jour du dimanche.

Pater... Ave... Gloria Patri...

Acte de louange.

pour la réparation des blasphèmes.

Qu'à jamais soit loué... béni... adoré... glorifié... le très-saint, très-sacré, très-adorable, très-ineffable Nom du Seigneur notre Dieu, au ciel et sur la terre, par toutes les créatures sorties des mains de Dieu, et par le sacré Cœur de Jésus au très-saint Sacrement de l'autel! — Ainsi soit-il.

On dira trois fois cet acte de louange en l'honneur des trois personnes de la très-sainte Trinité.

Prière au Père Éternel.

O Dieu tout-puissant et éternel! c'est par le cœur de Jésus votre divin Fils, ma voie... ma vérité... ma vie... que je m'approche de vous; je viens par ce cœur adorable, en union avec les saints anges et tous les saints, louer... bénir... aimer... adorer... glorifier... votre saint Nom, méprisé et blasphémé par un si grand nombre de pécheurs !... Accompagnant dans le monde entier les esprits bienheureux, ministres de votre miséricorde, je vous prie aussi pour ces âmes égarées, mais rachetées par le sang de votre Fils unique. Je vous présente leurs misères et leurs besoins dans le cœur immaculé et affligé de la très-sainte Vierge, avec le glorieux saint Joseph, les saints anges et tous les saints... vous suppliant, au nom et par les mérites de Jésus notre Sauveur... de convertir tous ces infortunés blasphémateurs et profanateurs du saint jour du dimanche, afin que nous ne fassions plus qu'une voix, qu'un esprit et qu'un cœur pour louer... bénir... aimer... adorer... glorifier votre saint Nom, par la plénitude de l'honneur, des louanges et des adorations infinies que vous rend le sacré Cœur de votre Fils bien-aimé, l'organe et les délices de la très-sainte Trinité, et qui seul connaît et adore parfaitement ce saint Nom en esprit et en vérité. Ainsi soit-il.

Vingt-quatre adorations.

en réparation des blasphèmes qui se font pendant les vingt-quatre heures du jour.

Auparavant on dit le *Magnificat*, en union
avec la sainte Vierge.

℣. En union avec le sacré Cœur de Jésus :

℟. Venez, adorons le nom admirable de Dieu qui est au-dessus de tout nom.

℣. En union avec le saint cœur de Marie :
℣. En union avec saint Joseph :
℣. En union avec le glorieux saint Jean-Baptiste :
℣. En union avec le chœur des Séraphins :
℣. En union avec le chœur des Chérubins :
℣. En union avec le chœur des Trônes :
℣. En union avec le chœur des Dominations :
℣. En union avec le chœur des Vertus :
℣. En union avec le chœur des Puissances :
℣. En union avec le chœur des Principautés :
℣. En union avec le chœur des Archanges :
℣. En union avec le chœur des Anges :
℣. En union avec les sept Esprits qui sont devant le trône de Dieu et les vingt-quatre vieillards :
℣. En union avec le chœur des Patriarches :
℣. En union avec le chœur des Prophètes :
℣. En union avec le chœur des Apôtres et des Évangélistes.
℣. En union avec le chœur des Martyrs :
℣. En union avec le chœur des SS. Pontifes, des SS. Docteurs et des SS. Prêtres :
℣. En union avec le chœur des SS. Confesseurs. des SS. Moines et de tous les Justes :
℣. En union avec le chœur des saintes Vierges :
℣. En union avec le chœur des saintes Femmes :
℣. En union avec toute la cour céleste :

℣. En union avec toute l'Église, et au nom de tous les hommes :

Venez, adorons le nom admirable de Dieu, qui est au-dessus de tout nom, et prosternons-nous devant lui... pleurons en présence du Seigneur qui nous a faits, car il est le Seigneur notre Dieu : nous sommes son peuple et les brebis qu'il conduit lui-même à ses pâturages.

Salutation à N. S. Jésus-Christ

pour réparer les blasphèmes proférés contre sa personne sacrée.

En union avec toute l'Église... par les cœurs tout brûlants d'amour de Marie et de Joseph... et au nom de tous les hommes... je vous salue... je vous adore... et je vous aime..., ô Jésus de Nazareth, roi des Juifs, plein de douceur et d'humilité, de grâce et de vérité...

La miséricorde te la justice sont avec vous... l'amour est votre substance... vous êtes le Christ, Fils unique du Dieu vivant, et le fruit béni des entrailles de la glorieuse Vierge Marie...

O Jésus! bon pasteur... qui avez donné votre vie pour vos brebis... par toutes vos plaies sacrées, votre sang précieux, vos divines larmes et vos sueurs bien-aimées... par tous les soupirs, les gémissements, les douleurs, l'amour, les mérites des trentes-trois années de votre sainte vie, renfermés dans le sanctuaire ineffable de votre très-amoureux cœur... ayez pitié de nous, pauvres et misérables pécheurs ; convertissez tous les blasphémateurs et les profanateurs du saint jour du dimanche, et faites-nous part de vos divins mérites, maintenant et à l'heure de notre mort. Ainsi-il.

Amende honorable.

Adorable Trinité ! seul Dieu en trois personnes..., que les anges révèrent dans un saint tremblement ; prosternés devant votre majesté infinie, nous nous unissons à ces sublimes intelligences pour pleurer sur l'oubli et la violation de vos commandements sacrés.

Nous faisons amende honorable de ces horribles sacriléges, de ces innombrables parjures, et de ces jurements affreux et surtout de la profanation du saint jour du dimanche. Que nos yeux, Seigneur, deviennent des sources de larmes pour pleurer jour et nuit de si grandes offenses, qui ont attiré et attirent encore sur nous vos redoutables châtiments.

Pardonnez à la France coupable, Père des miséricordes !... nous vous le demandons par le mérite des hmiliations et les douleurs de Jésus-Christ votre divin Fils, au nom duquel nous confessons que tout genou doit fléchir au ciel, sur la terre et dans les enfers : nom béni par-dessus tout, nom d'où découle une paix céleste et qui néanmoins est devenu l'objet de la dérision sacrilége et de la haine invétérée d'une génération incrédule et perverse.

Affermissez-nous, Seigneur, dans le respect dû à vos augustes mystères..., à votre Nom sacré..., à vos divins commandements..., dans la foi de la vraie Église..., enfin dans la résolution de vous aimer et de vous servir jusqu'au dernier soupir de notre vie. Nous vous en conjurons par le même Jésus-Christ, Notre-Seigneur, qui, étant Dieu, vit et règne avec le Père et le Saint-Esprit, dans tous les siècles des siècles. Ainsi soit-il (1).

Prière d'un chrétien

ayant la malheureuse habitude du blasphème et désirant sincèrement s'en corriger.

C'est en tremblant, ô mon Dieu, c'est en rougissant de honte que je me jette à vos pieds. Comment oser faire arriver jusqu'à votre trône cette même voix dont je me suis si souvent servi pour profaner votre Nom adorable, et pour insulter votre majesté su-

---

(1) Les prières qui précèdent sont extraites d'un livre approuvé par Mgr l'archevêque de Tours, et celles qui suivent sont tirées du *Manuel de l'Archiconfrérie réparatrice des blasphèmes et de la violation du dimanche*, publié avec l'approbation de Mgr l'évêque de Langres.

prême? Hèlas! Seigneur, je conçois très-clairement, et j'avoue très-hautement, que je dois vous faire horreur, et qu'après toutes les grâces dont vous m'avez comblé, vous devriez, en n'écoutant que votre justice, repousser des paroles sorties de cette même bouche qui a proféré l'iujnre et le blasphème contre vous.

Mais, mon Dieu, c'est sans exception et pour tous les pécheurs que vous avez dit par votre Prophète que vous ne rejetiez pas un cœur contrit et humilié. Il me semble que mon cœur est contrit et que je sens combien j'ai été coupable contre vous, en faisant un si criminel usage de ce beau don de la parole, que vous m'avez accordé surtout pour vous bénir; il me semble que mon cœur est humilié quand je pense que, par l'habitude abominable du blasphème, je me suis approprié le langage des démons. Vous ne me rejetterez donc pas, ô Dieu pleinde miséricorde ! car, en même temps que je déplore les paroles blasphématoires que j'ai eu le malheur de proférer par le passé, je prends la résolution la plus ferme de ne plus prononcer ni celles-là, ni aucune autre qui leur ressemble, jamais mon Dieu! jamais!

Que le nom suradorable du Seigneur soit glorifié dans tous les siècles! Ainsi soit-il! Ainsi soit-il!

Prière d'un chrétien

obligé de vivre habituellement et de se trouver avec des personnes qui blasphèment.

Mon Dieu ! que cette terre est triste et que mon pèlerinage y est long ! Ce qui m'y paraît le plus dur, Seigneur, ce ne sont pas les maux qui me sont personnels, car je sais bien que je les mérite ; mais ce sont les outrages qui s'adressent directement à vous, ô Dieu de mon cœur ; c'est de vous voir audacieusement offensé sans cesse ; c'est d'entendre sans cesse insulter et blasphémer votre très-saint Nom, ce Nom infiniment digne de toute adoration et de tout amour ! Oh ! quand donc n'entendrai-je plus que des voix qui vous glorifient et qui vous bénissent !

Mais puisqu'avant de m'introduire parmi vos élus et vos anges, ainsi que je l'espère de vos miséricordieuses promesses, ô mon Dieu, vous permettez, dans votre impénétrable justice, que je vive au milieu de ceux qui vous méconnaissent et vous outragent, daignez au moins recevoir, en réparation de tant d'ingratitude, le tribut de la douleur profonde que j'en éprouve et que j'unis aux expiations inépuisables de votre divin Fils, mon Sauveur Jésus !

Permettez encore, ô mon Dieu, que j'implore votre miséricorde en faveur de ceux-là mêmes qui se rendent coupables envers vous de ces paroles audacieuses et criminelles. Je dois les aimer, malgré toute la peine que me cause leur indigne langage ; et vous-même, Seigneur, vous les aimez encore, malgré les insultes qu'ils osent faire monter jusqu'à vous : daignez donc leur pardonner, surtout daignez les convertir.

Faites-leur comprendre tout ce qu'il y a de malheureux et d'horrible dans leurs discours ; arrêtez sur leurs lèvres les paroles abominables que le démon leur inspire et que l'habitude pourrait leur suggérer encore : et pour qu'en cela leur conversion soit complète et durable, établissez dans leur âme le règne de votre crainte et de votre amour, de telle sorte qu'ils sentent vivement et constamment que le plus grand malheur de l'homme est de vous offenser, comme son unique bien est de vous louer et de vous servir sur la terre, pour vous bénir et vous posséder dans le ciel.

Que le Nom suradorable du Seigneur soit glorifié dans tous les siècles ! Ainsi soit-il ! Ainsi soit-il !

Prière d'un chrétien converti.

qui a, par le passé, beaucoup violé les saintes lois du dimanche.

Vous m'avez, par votre infinie miséricorde, pardonné mes péchés, Seigneur : j'en ai la douce et ferme confiance ; mais la multitude de vos bontés me fait mieux comprendre encore la malice profonde de mes prévarications et de mes ingratitudes.

Aussi, par votre grâce, j'ai toujours mes péchés devant les yeux, et c'est surtout avec une amère douleur que je me rappelle la manière indigne dont j'ai passé le saint jour que vous m'aviez expressément commandé de consacrer à votre service.

Ah! tandis que le signal sacré de la prière publique retentissait à mes oreilles, tandis que la troupe des pieux fidèles allait sous mes yeux, en habits de fête, prendre part à vos solennités, moi, malheureux, j'endurcissais mon cœur contre tous ces avertissements précieux et tous ces bons exemples : je passais le temps des saints offices de l'Église, ou dans des travaux défendus, ou dans un lâche désœuvrement.

Car si du moins je n'avais déserté vos temples que pour quelque nécessité sérieuse, je pourrais excuser plus ou moins mes infidélités ; mais, hélas! tout m'était bon pour me dispenser de vous servir, et tel était mon dégoût de votre service que j'ai mieux aimé souvent supporter, tantôt les fatigues dangereuses d'un travail sans relâche, tantôt les ennuis accablants d'un repos sans motif, plutôt que d'aller me délasser saintement avec vos serviteurs dans les joies pures de votre maison.

Alors ne vous priant plus le dimanche, je vous priais moins encore les autres jours, et ma vie s'écoulait sans vous et loin de vous, toute matérielle et tout infructueuse. Oh! pardon, mon Dieu, pour toutes les grâces que j'ai repoussées et pour tout le temps que j'ai perdu pendant ces saints jours ! faites que je répare, autant qu'il est en moi, cet immense malheur, et daignez recevoir la promesse sincère que je fais à vos pieds de redoubler d'ardeur pour passer saintement et pour faire employer dignement à tous ceux qui dépendent de moi, tous les instants des jours qui vous sont consacrés.

Que le saint jour du Seigneur soit sanctifié par tous les hommes ! Ainsi soit-il ! Ainsi soit-il !

Prière d'un chrétien fidèle.

obligé par une contrainte injuste de travailler le dimanche.

OBSERVATION. Les fidèles qui se trouvent dans cette situation pénible doivent avoir bien soin de consulter avant tout leur confesseurs ou leur pasteur. Si, tout bien posé, le guide de leur conscience leur dit que, pour éviter un plus grand mal, ils peuvent travailler, on les exhorte à faire, avant ou pendant ce travail malheureux, les aspirations suivantes :

O mon Dieu, vous savez que mon cœur désavoue ce travail forcé de mes mains ; ne permettez pas qu'il soit en rien ni une offense contre vous, ni un scandale pour mes frères, ni un péché pour moi. Seigneur, pardonnez à ceux qui me forcent de travailler contrairement à votre loi. Éclairez-les, touchez-les, faites-leur aimer par-dessus tout votre service; qu'ils se convertissent et qu'ils vivent en vous.

O Dieu, qui avez permis autrefois que votre peuple fût assujetti par les Égyptiens à de durs et injustes travaux, faites-moi la grâce de supporter en expiation de mes fautes ce travail qui m'est imposé dans ce jour de saint repos, afin que, purifié par cette épreuve, j'arrive à travers la mer de ce monde et le désert de cette vie à la vraie terre promise où l'on se repose éternellement en vous.

Que le saint jour du Seigneur soit sanctifié par tous les hommes! Ainsi soit-il! Ainsi soit-il!

Prière d'un chrétien fidèle.

qui travaille le dimanche ou qui manque à la sainte messe par suite d'une juste nécessité.

OBSERVATION. La loi du repos au saint jour de dimanche souffre de rares, mais légitimes dispenses : par exemple, quand il est nécessaire de recueillir à la hâte des moissons déjà abattues sous peine de les perdre.

La loi de la sainte messe est plus rigoureuse que celle du saint repos; cependant on peut en être également dispensé par des devoirs de droit naturel quand ils sont tout à fait impérieux, comme serait le soin d'un malade que l'on ne peut quitter. Quoique dans ces cas il n'y ait de péché pour personne, il sera bon cependant, ne fût ce que pour bien former sa conscience, de faire alors les prières suivantes ou d'autres analogues :

1° *Avant ou pendant le travail.*

O mon Dieu, vous voyez le fond de mon cœur, et vous savez que pour rien au monde je ne voudrais me livrer à ce travail, si je soupçonnais qu'il pût vous offenser ; mais telle est votre incomparable indulgence pour notre misère, que vous ne voulez pas exiger de nous pour votre adorable service des sacrifices trop onéreux, même du côté des intérêts matériels de ce monde. Soyez mille fois béni, Seigneur, de cette miséricordieuse condescendance, et puisque vous permettez, puisque même vous voulez que je travaille pour mes propres affaires temporelles en ce saint jour où je ne devrais m'occuper que de votre gloire et de mon éternité, faites, ô Dieu de mon cœur, que ce travail de mes mains vous soit pleinement consacré, et que, à part ces exceptions que votre infinie bonté tolère, je sois fidèle à sanctifier par moi-même et à faire sanctifier par tous ceux qui dépendent de moi, avec toute la ferveur dont nous serons capables, tous les instants des jours où vous daignez plus spécialement nous appeler autour de vos autels.

Que le saint jour du Seigneur soit sanctifié par tous les hommes ! Ainsi soit-il ! Ainsi soit-il !

2° *Pendant la sainte messe du dimanche* (1).

« Heureux ceux qui habitent dans votre maison, Seigneur ! (Ps. LXXXIII, 5.) Oh ! jamais on ne comprend mieux ce bonheur que quand on en est privé momentanément. Ce qui me console, ô mon Dieu, d'être en ce moment séparé de l'assemblée sainte de ceux qui vous adorent et vous bénissent, c'est que cette séparation est pour moi l'accomplissement de votre souveraine volonté. Hélas ! j'ai tant de fois abusé des moments précieux passés dans votre saint temple, il est bien juste que vous m'en teniez éloigné quelquefois tandis que vous y appelez les autres fidèles, mes frères. Je me soumets à vos dispositions adorables, Seigneur, et dans l'impuissance où je me trouve en ce moment de me rendre au milieu de vos enfants rassemblés en votre nom, je m'unis de cœur à tous les hommages qu'ils vous rendent et à toutes les prières qu'ils vous adressent. Je m'unis en même temps à toutes les adorations de tous les saints au ciel et sur la terre. Je vous prie de suppléer à mon impuissance par la surabondance de tous leurs mérites, unis à ceux de votre divin Fils immolé pour nous, et à ceux de sa très-sainte Mère, la bienheureuse Vierge Marie, notre avocate et notre espérance.

(1) On pourrait également faire cette prière durant tout autre office du dimanche auquel on n'assisterait pas pour raison légitime.

Que le saint jour du Seigneur soit sanctifié par tous les hommes ! Ainsi soit-il ! Ainsi soit-il !

Prière d'un chrétien fidèle.

obligé de vivre parmi les personnes qui violent habituellement le dimanche.

Mon Dieu, vous nous défendez sévèrement de juger nos frères, parce qu'à vous seul appartiennent le jugement et la vengeance. Mais, sans examiner jusqu'à quel point sont coupables à vos yeux ceux qui autour de moi continuent pendant les heures saintes du dimanche leurs travaux de la semaine, permettez que, prosterné devant vous seul, j'y répande en toute liberté la douleur qui m'oppresse à la vue de ces prévarications continuelles contre l'adoration qui vous est due, surtout en ces jours que vous vous êtes spécialement réservés pour votre gloire et pour notre salut.

Hélas ! ces saints jours sont continuellement profanés sous mes yeux ; ils ressemblent tout à fait à des jours ordinaires par l'agitation et par le bruit des travaux matériels, aussi bien que par l'oubli total de votre culte. Quelquefois même ils sont plus souillés que les autres jours par des excès coupables et par des plaisirs licencieux. Seigneur, daignez, à l'occasion de ces scandales dont je suis le triste témoin, agréer mes faibles réparations, mes protestations suppliantes et mes résolutions sincères.

Mon Dieu, je ne suis moi-même qu'un pécheur capable de vous offenser en toute chose et de vous trahir mille fois, si votre puissante grâce ne me soutenait sans cesse. Cependant je sens, par votre miséricorde, que j'aimerais mieux mourir que de violer jamais vos sabbats par des travaux défendus. Je vous promets de faire éviter cette prévarication à tous ceux qui dépendent de moi, d'user de tous mes moyens d'influence pour diminuer au moins le nombre et la grièveté des infractions à votre loi sur ce point important, et quand je ne pourrai pas les empêcher, je m'efforcerai du moins de les expier par la sincérité de mes gémissements, et de les compenser, autant que possible, par la ferveur de mes prières.

Que le saint jour du Seigneur soit sanctifié par tous les hommes! Ainsi soit-il! Ainsi soit-il!

ARCHICONFRÉRIE

DE

NOTRE-DAME RÉCONCILIATRICE

DE LA SALETTE.

---

§ I. *Origine de l'Archiconfrérie.*

Dès les premiers temps qui suivirent l'Apparition de la sainte Vierge sur la montagne de la Salette, on vit accourir de toutes parts des milliers de pèlerins vers ce lieu sanctifié par la présence de la Mère de miséricorde. Ils allaient entendre de la bouche des jeunes bergers les plaintes de Marie, les menaces du ciel, et tâcher de fléchir la colère de Dieu, irrité par les crimes des hommes. La première année qui suivit cet événement extraordinaire, on compta plus de CENT MILLE pèlerins venus de toutes les parties de la France et des pays voisins. Mais, après avoir passé quelques trop courts instants sur ce lieu béni, leur dévotion était loin d'être satisfaite. Leur cœur, inondé des consolations célestes, pénétré de reconnaissance pour les faveurs obtenues par la protection de la miséricordieuse Reine du ciel, aurait voulu y rester attaché pour jamais. Comme Pierre sur le Thabor, ils auraient voulu fixer leurs tentes sur la montagne de la Salette, pour y vivre en paix sous la protection maternelle de Marie. Forcés de retourner dans leurs familles, ils voulaient en quelque sorte perpétuer leur pèlerinage et demandaient que des prières fussent adressées pour eux à celle que l'Église appelle à si juste titre le *Secours des chrétiens*, l'*Avocate des pécheurs*, la *Consolatrice des affligés*. D'autres, en plus grand nombre, ne pouvant se rendre sur la sainte Montagne, s'adressaient au curé de la Salette pour demander des neuvaines et des prières sur ce lieu de bénédiction. Pour satisfaire au pieux désir des uns et des autres, M. Perrin établit des prières continuelles à leur intention. Telle fut la première origine de l'Association. Après les actes authentiques de Mgr de Grenoble sur la vérité de l'Apparition et sur l'érection du nouveau sanctuaire à Marie, l'association déjà existante se régularisa. Le souverain pontife l'érigea en Archiconfrérie, et le vénérable et pieux prélat, voulant couronner sa vie épiscopale de plus de vingt-cinq ans par un dernier acte en l'honneur de la Mère de Dieu, sur la demande du P. Burnoud, supérieur des missionnaires de la Salette, institua canoniquement l'Association dans le nouveau sanctuaire et en approuva les règlements le 21 novembre 1852.

§ II. *But de l'Archiconfrérie.*

Le but de cette pieuse association est :

1° De fléchir, par l'entremise de la sainte Vierge, la colère du Seigneur justement irrité à cause de la violation publique et scandaleuse de ses commandements et des lois de son Église ;

2° De prier ardemment pour la conversion des pécheurs ;

3° De travailler avec zèle à sa propre sanctification.

Notre siècle s'est rendu coupable de trois grands crimes : il a abandonné le culte qu'il doit à Dieu ; il a audacieusement profané le saint nom de Dieu ; il a désobéi à l'Église de Dieu.

Or, c'est la loi de ce triple respect, respect du culte de Dieu, respect du saint nom de Dieu, respect de l'Église de Jésus-Christ, loi prêchée solennellement par Notre-Dame de la Salette ; c'est cette loi, aussi nécessaire à l'homme qu'à la société, que les membres de l'Archiconfrérie doivent s'appliquer à faire revivre sur la terre par leurs prières, par leurs paroles et par leurs exemples.

§ III. *Comment on doit s'efforcer d'atteindre le but de l'Archiconfrérie.*

Pour atteindre ce but, si digne de leurs efforts, les associés s'adonneront spécialement à la pratique des points suivants :

I. Ils prieront souvent Notre-Dame de la Salette, afin que, par son entremise, ils fassent une sainte violence au cœur de Dieu, de ce Dieu si outragé, mais si désireux de pardonner au repentir. Chaque jour, ils réciteront un *Pater* et un *Ave Maria,* suivis de cette invocation : *Notre-Dame de la Salette, Réconciliatrice des pécheurs, priez sans cesse pour nous qui avons recours à vous.*

II. Ils observeront avec la plus exacte fidélité et feront observer, sans crainte comme sans faiblesse, à tous ceux qui leur seront soumis, les commandements de Dieu et de l'Église, surtout le deuxième et le troisième commandement de Dieu, et le cinquième et le sixième commandements de l'Église, si formellement rappelés par la Reine du ciel, lors de son Apparition.

III. *Ils feront passer à tout le peuple de Marie* les plaintes, les menaces, les recommandations et les larmes de cette auguste Mère, le jour de son Apparition sur la montagne de la Salette. C'est là, pour des enfants, une bien douce consolation.

IV. Ils auront une tendre dévotion, une confiance entière en Notre-Dame de la Salette. Une mère si pleine d'amour et de sollicitude pour ses enfants de la terre, mérite d'être aimée de tous les cœurs.

V. Les membres de l'Archiconfrérie n'oublieront pas qu'il doivent être surtout les fidèles imitateurs de la *mortification*, de la *patience* et de la *pureté* de Marie, afin d'offrir au ciel, par ses mains, la vraie *expiation* que réclame le Fils de Dieu dans sa trop juste colère.

VI. Ils pratiqueront, les uns à l'égard des autres, la plus tendre charité, considérant qu'ils sont les enfants d'une même famille et d'une même mère. Cette charité s'étendra à tous leurs autres frères, quelque égarés qu'ils soient. Que ce soit là la marque à laquelle le monde les reconnaisse pour de vrais serviteurs de Marie et pour les apôtres de son Apparition.

§ IV. *Fêtes, exercices et faveurs de l'Archiconfrérie.*

Les fêtes de l'Archiconfrérie sont : 1° L'anniversaire de l'Apparition, que l'on célèbre le 19 septembre ou le dimanche d'après quand le 19 ne tombe pas le dimanche, et il y a indulgence plénière pour cette fête ; 2° la Présentation de la sainte Vierge, 21 novembre ; 3° la Purification de la sainte Vierge, 2 février ; 4° la Compassion de la sainte Vierge, le vendredi de la semaine de la Passion, ou le jour où elle est fixée par l'évêque du diocèse ; 5° la fête de N.-D. du Mont-Carmel, le 16 juillet.

Tous les dimanches, sur la sainte Montagne et dans la chapelle de Notre-Dame de la Salette, desservie à Grenoble par les missionnaires, et une fois par mois, le dimanche, dans les autres paroisses où la Confrérie de Notre-Dame Réconciliatrice sera établie, il y aura un exercice d'expiation pour fléchir le Seigneur. On y chantera le *Miserere*, le *Parce*, trois fois, puis le *Sub tuum præsidium* et le *Tantum ergo*, qui sera suivi de la bénédiction du très-saint Sacrement et du *Laudate*. Après la bénédiction, on récitera un *Pater* et un *Ave* pour les associés et les bienfaiteurs du sanctuaire de Notre-Dame de la Salette, et un *De profundis* pour les bienfaiteurs et les membres décédés de la confrérie. Une allocution précédera d'ordinaire cet exercice.

Les associés ont une part spéciale à toutes les bonnes œuvres offertes à Dieu, sur la montagne de la Salette par les missionnaires et par les religieuses, et, dans tout l'univers par tous les membres de l'Archiconfrérie.

De plus, le premier samedi de chaque mois, on offre à l'autel de Notre-Dame de la Salette le saint sacrifice de la messe pour tous les associés vivants et morts, et pour tous les bienfaiteurs du sanctuaire.

§ V. *Indulgences accordées par N.-S. P. le Pape Pie IX aux associés de l'Archiconfrérie.*

I. *Indulgences plénières :*

1º Le jour de l'admission de l'associé ;

2º Le 19 septembre, ou le dimanche suivant, selonque la fête de l'anniversaire de l'Apparition se célèbre le 19 septembre ou le dimanche suivant, pourvu que, s'étant confessés, les associés communient, visitent dévotement l'église ou l'oratoire de l'Association et prient selon les intentions du souverain pontife.

3º A l'article de la mort, en remplissant les mêmes conditions que ci-dessus ; et, s'il y a impossibilité, en invoquant le saint Nom de Jésus au moins de cœur, s'ils ne peuvent le faire de bouche.

II. *Indulgences de sept ans et de sept quarantaines* fixées par Mgr l'évêque de Grenoble, en vertu du Bref apostolique en date du 26 août 1852, aux fêtes suivantes :

1° Le 21 novembre, fête de la Présentation de la sainte Vierge;

2° Le 2 février, fête de la Purification de la sainte Vierge;

3° Fête de la Compassion de la sainte Vierge, le jour où elle est fixée par l'Ordinaire dans chaque diocèse;

4° Le 16 juillet, fête de N.-D. du Mont-Carmel, pourvu que, s'étant confessés, les associés communient, visitent l'église de l'Association et prient selon les intentions du souverain pontife.

III. *Indulgences de soixante jours* :

Toutes les fois que les associés feront une œuvre de piété ou de charité quelconque.

Toutes ces indulgences sont applicables aux âmes du purgatoire.

Nota. Pour participer à toutes ces faveurs, il est nécessaire, et il suffit : 1° de faire inscrire ses noms de baptême et de famille, ou son nom de religion, sur le registre de l'Association ; 2° de réciter chaque jour un *Pater* et un *Ave Maria*.

§ VI. *Établissement de l'Archiconfrérie dans une église ou chapelle.*

Pour ériger l'Archiconfrérie de Notre-Dame de la Salette dans une église ou chapelle quelconque, il faut :

1° Obtenir l'autorisation de l'évêque du lieu ;

2° Cette autorisation obtenue, demander au R. P. supérieur des missionnaires de la Salette un diplôme d'affiliation, dont on garnit les endroits laissés exprès en blanc pour mettre le nom de la paroisse, de l'évêque.... ;

3° Faire connaître le plus promptement possible au R. P. supérieur des missionnaires le jour où l'Archiconfrérie a été canoniquement érigée dans telle église, telle chapelle, et le nom du prêtre qui a demandé cette affiliation ;

4° Tenir exactement un registre dans lequel on inscrit le nom et le prénom de toutes les personnes qui veulent faire partie de l'Archiconfrérie.

Avec cela on participe à tous les priviléges

accordés par le souverain pontife à l'Archiconfrérie de Notre-Dame de la Salette.

5° Si l'on veut donner un règlement particulier à cette Archiconfrérie érigée dans une église ou chapelle, ce règlement devra être approuvé par l'Ordinaire.

DESCRIPTION
DE L'ÉGLISE DE LA SALETTE

EXTRAITE

D'UNE LETTRE ÉCRITE PAR M. L'ABBÉ S.-M. VIARD,

Missionnaire apostolique, chan. hon. d'Arras

A L'OCCASION DU 12ᵉ ANNIVERSAIRE DE L'APPARITION,

*Et publiée dans l'*UNIVERS, *le 3 oct.* 1858.

« L'Église, qui est une véritable cathédrale, a trois portes romanes, qui toutes s'ouvrent dans le portail ; elle sera surmontée d'une tour en pierre, d'un très-bon goût et fort élevée. Les colonnes de l'Église sont cylindriques et lisses ; les bases reproduisent la base antique. Les filets, les scoties et les tores sont du plus pur roman ; les angles sont ornés de griffes ou feuilles contournées ; la corbeille est de forme cubique et munie de volutes et de feuillages uniformes imités du corinthien. On a supprimé les chapiteaux historiés, et cela est tout à la fois conforme au style adopté et à la pensée sérieuse qui doit présider à l'auguste basilique. J'ai entendu blâmer la faiblesse de ses contreforts ; je tiens ici à rendre hommage à M. Bernier, habile architecte de Notre-Dame de la Salette. Dans le style roman, il n'y a guère de contreforts proprement dits ; les pilastres extérieurs servent plus à décorer qu'à soutenir l'édifice ; on ne trouve guère que des piliers engagés et légèrement en saillie sur les murs. Du reste, l'épaisseur des murs et la qualité parfaite de la pierre n'exigeaient pas autre chose pour la solidité que ce qui a été fait. L'Église a sept travées ; elle est entièrement construite dans le genre roman ornementé ; il ne reste plus à terminer maintenant que les voûtes de la nef et la tour. L'abside, moins élevée que la voûte principale, est percée par trois fenêtres ornées de verrières ; les teintes en sont douces et s'harmonient parfaitement entre elles, et, pour le dire en passant, c'est par la crudité des tons qui se heurtent violemment que pèchent la plupart de nos verrières modernes : le choix des couleurs n'est point assez étudié ; on vise à l'effet et l'on ne trouve que le mauvais goût. Le vitrail du milieu représente l'Immaculée-Conception : la Vierge a les mains croisées sur la poitrine ; elle écrase de ses pieds victorieux un serpent qui se tord en expirant. Le Saint-Esprit, sous la forme d'une colombe, les ailes ouvertes pour indiquer qu'il remplit la vierge Marie de la plénitude de la grâce, est placé au sommet du nimbe ovale qui environne celle qui sera un jour mère de Dieu. Autour du nimbe, on lit les paroles prophétiques : *Tota pulchra es, et macula non est in te.* La verrière de droite est dédiée à sainte Anne : la figure de la sainte est très-douce et d'un grand fini de dessin. Elle tient entre ses mains une banderole où on lit : *Benedicta tu in mulieribus.* Le vitrail de gauche renferme l'archange Gabriel ; il tient

d'une main le lis virginal, et de l'autre il déploie une bande légèrement agitée où se dessinent gracieusement les paroles : *Ave, gratia plena.* Il y a encore trois autres verrières en forme de rosaces, qui se trouvent placées au-dessus du plein cintre qui s'élève en avant de l'abside du chœur et des deux chapelles collatérales. La rosace, du côté de l'épître, représente la sainte Vierge, assise et pleurant ; les petits bergers, étonnés, se lamentent : c'est une admirable composition, et le mot n'est point hazardé ; il y a de la vie, du mouvement et des teintes très-heureuses. La rosace du milieu est occupée par la sainte Vierge au moment qu'elle raconte son secret aux enfants. Enfin, le sujet de la troisième a été pris dans la scène dite de l'Assomption, au moment que la Vierge s'élève pour disparaître. Il y a dans ce vitrail des vues de montagnes d'une grande fraîcheur et d'une vérité frappante. Les sujets des trois rosaces sont environnés d'une guirlande de fleurs variées, aux couleurs éclatantes. Nous désirons vivement que les verrières de la nef soient confiées au même artiste, et, s'il nous était permis de donner un avis, nous souhaiterions de voir figurer les portraits de Mgr Philibert de Bruillard et de Mgr Ginoulhiac, dans de belles compositions qui rappelleraient la première messe pontificale en plein air et la consécration de l'Église. Dans les deux chapelles collatérales dédiées, l'une à saint Joseph et l'autre à saint Philibert, il y a de magnifiques autels en marbre blanc. L'autel majeur (1) est fait par un célèbre

(1) L'autel majeur actuel n'est que provisoire; mais la statue qui est derrière sera conservée.

M. de Rey de Garidel, de Marseille, alla, au mois de juillet 1849, en pélerinage à la Salette. A quelques cents pas du sanctuaire, la selle de sa monture s'étant rompue, il fut renversé, et roula à plus de trente pieds, sur une pente escarpée et rocailleuse, il aurait pu rester sur le coup; mais il en fut quitte pour de nombreuses contusions, dont il guérit au bout de trois jours. Dans sa reconnaissance, il envoya, pour le 19 septembre suivant, troisième anniversaire, cette belle statue de la Vierge.(*Note de l'auteur.*

artiste d'Angers ; on a pu le voir à l'Exposition universelle ; il coûtera plus de 30,000 fr. Des appuis de communion sont faits en pierres polies des Chaillons ; cette pierre, d'une teinte jaune, ressemble à du granit. L'abside, à l'extérieur, sera environnée d'un cloître qui s'ouvrira sur un préau; vue du sommet du plateau, elle offre un aspect délicieux. Les verrières, dont on distingue parfaitement les dessins, les grandes lignes noires de l'Église qui tranchent sur le vert du Gargas, tout concourt à donner à cette vue un effet très-pittoresque. A droite, se trouvent les bâtiments pour les hommes, et à gauche ceux pour les femmes. Ces constructions romanes tiennent à l'Église. Les fenêtres sont encore décorées par la coupe particulière des pierres : leur aspect donne à l'édifice un caractère sérieux et très-bien approprié à l'Apparition. La disposition intérieure des bâtiments est fort commode : il y a une quantité

— Voir *Nouveaux Documents,* etc., par M. l'abbé Bousselot, p. 119)

de cellules pour les pèlerins. On aurait pu peut-être donner un peu plus de largeur aux escaliers : c'est un point essentiel dans les maisons habitées par un personnel nombreux. Outre l'Église et les bâtiments des pèlerins, on a encore élevé au lieu où la sainte Vierge est montée au ciel un petit bâtiment dit de l'Assomption. Cette construction quadrangulaire est également d'architecture romane. Elle est ouverte de trois côtés ; et elle a une abside où se trouve un autel en marbre blanc, magnifique *ex-voto* des dames de Grenoble. Au-dessus des corbeilles des colonnes principales, il y a deux autres colonnes chargés d'enroulements que supportent un fronton couronné par une croix romane d'un dessin parfait. Les quatre façades sont parallèles : seulement la façade principale est ornée de sculptures en forme de rosaces, au centre de chacune desquelles se trouve une lettre de *l'Ave Maria*. »

TABLE DES MATIÈRES.

Description des lieux de l'Apparition．．．．．．．．．．．．．．	7
Histoire de l'Apparition．．．．．．．．．．．．．．．．．．．．．．．．．．	9
Secret confié aux deux Bergers．．．．．．．．．．．．．．．．．．．	28
Opinion de Rome sur la Salette．．．．．．．．．．．．．．．．．．．	31
Biographie des petits Bergers jusqu'à l'époque de l'Apparition．．．．．．．．．．．．．．．．．．．．．．．．．．．．．．．．．．．．	33
Maximin．．	33
Mélanie．．	35
Le curé d'Ars et la Salette．．．．．．．．．．．．．．．．．．．．．．．	39
Mandement de Mgr l'évêque de Grenoble autorisant l'érection d'un nouveau sanctuaire à Marie sur la Montagne de la Salette．．．．．．．．．．．．．．．．．．．．．．．	41
Résumé court et clair des motifs qu'a un catholique de croire à la réalité de l'Apparition, etc．．．．．．．．．	56
Témoignage du Ciel．．．．．．．．．．．．．．．．．．．．．．．．．．．．．．	70
Ascension de la Montagne de la Salette, depuis Corps．	93
A la source de la Salette (chant)．．．．．．．．．．．．．．．．．．	111
Neuvaine à Notre-Dame de la Salette．．．．．．．．．．．．．．	116
Prières diverses à Notre-Dame de la Salette．．．．．．．．	141
Exercice pour la confession ordinaire．．．．．．．．．．．．．．	151
Exercice pour la confession．．．．．．．．．．．．．．．．．．．．．．．	167
Prière après la confession．．．．．．．．．．．．．．．．．．．．．．．．	183
Exercice pour la communion．．．．．．．．．．．．．．．．．．．．．．．	184
Entretiens intérieurs avant la communion．．．．．．．．．．．	191
Entretiens intérieurs aux approches de la communion．	199

Invitation à Jésus (prière de sainte Gertrude) 206
Entretiens intérieurs après la communion........... 208
Cantique d'actions de grâces (de sainte Gertrude).... 215
Prières pour la réparation des blasphèmes et de la profanation du saint jour de dimanche............ 218
Prières d'un chrétien, en diverses circonstances, pour réparer le blasphème et la profanation des dimanches 223
Archiconfrérie de Notre-Dame Réconciliatrice de la Salette... 234
   § 1. Son origine................................. 234
   § 2. Son but..................................... 236
   § 3. Efforts pour atteindre ce but.............. 237
   § 4. Fêtes, exercices et faveurs de l'Archiconfrérie 240
   § 5. Indulgences accordées à l'Archiconfrérie... 242
   § 6. Établissement de l'Archiconfrérie dans une église ou chapelle............................. 244
Description de l'église de la Salette, par M. l'abbé S. M. Viard, chanoine d'Arras.................. 246

FIN.

CORBEIL, typ. et stér. de CRÉTÉ.

www.ingramcontent.com/pod-product-compliance
Lightning Source LLC
Chambersburg PA
CBHW070630170426
43200CB00010B/1964